FIXAGE DES COULEURS

PAR LA VAPEUR.

TRAITÉ

DU

FIXAGE DES COULEURS

PAR LA VAPEUR

PAR

Joseph DÉPIERRE

INGÉNIEUR-CHIMISTE

Ancien Elève de l'Ecole supérieure des sciences appliquées de Mulhouse.
Membre de la Société chimique de Paris, de la Société industrielle de Mulhouse,
de la Société industrielle de Rouen, etc., etc.

OUVRAGE COURONNÉ PAR LA SOCIÉTÉ INDUSTRIELLE DE ROUEN

In labore libertas.

NOUVELLE ÉDITION, REVUE, CORRIGÉE ET AUGMENTÉE

PARIS

LIBRAIRIE SCIENTIFIQUE, INDUSTRIELLE ET AGRICOLE

Eugène LACROIX, Imprimeur-Éditeur

Libraire de la Société des Ingénieurs civils de France, de celle des anciens Elèves
des Ecoles d'Arts et Métiers, de la Société des Conducteurs des Ponts et Chaussées
de MM. les Mécaniciens de la Marine
Fournisseur des Ecoles professionnelles, etc., etc.

54, rue des Saints-Pères, 54

—

1879

—

Extrait du *Bulletin de la Société industrielle de Rouen*, année 1877.

MÉMOIRE

SUR LE

FIXAGE DES COULEURS PAR LA VAPEUR

In labore, libertas

CHAPITRE PREMIER

HISTORIQUE.

De tous temps on a su colorer les étoffes ; mais les procédés employés étaient très-variés et dépendaient naturellement des substances employées comme colorants et des tissus sur lesquels on se proposait d'appliquer les couleurs.

L'art de fixer les couleurs par l'intermédiaire de la *vapeur d'eau* est tout moderne, et c'est aux Anglais que nous en sommes redevables. Les premiers essais qui aient donné des résultats sérieux eurent lieu, croyons-nous, en Angleterre, vers 1794 ou 1796. Nous verrons plus loin que, dès 1740, on avait fait des tentatives qui restèrent stériles. — En tous cas, E. Bancroft, *Englisches Farbebuch*, annoté par le Dr Jaeger, 2 vol. in-8, Leipzig, 1797, sans pouvoir citer l'inventeur, parle d'un imprimeur qui fixait directement à la *vapeur* des couleurs appliquées sur casimir, et il rapporte dans son Mémoire sur le quercitron comment il est arrivé à fixer cette matière colorante.

Voici, du reste, ce que dit à ce sujet Persoz *(Traité de l'impression des tissus,* t. IV, p. 1 et suiv.) :

« Bancroft, voulant produire sur du drap une impression
« jaune, imprima une décoction concentrée de quercitron à la-
« quelle il avait ajouté une certaine quantité de nitro-sulfate
« d'étain, et, après avoir recouvert de papier la surface imprimée,
« afin d'éviter les rapplicages, il enroula le drap sur lui-même
« et l'introduisit dans un sac en coutil d'un tissu très-serré et
« dont les fils, préalablement cirés, avaient été rendus imper-
« méables à l'eau ; puis, en exposant ce sac hermétiquement
« fermé à l'action de l'eau en ébullition pendant 15 ou 20 mi-
« nutes, il parvint à appliquer sur l'étoffe un jaune aussi solide
« que si on l'eût fixé à la manière ordinaire.

« Des impressions ainsi enduites de la même préparation
« sur fond bleu, lui donnèrent des dessins verts qu'il réalisa
« encore en déposant du sulfate d'indigo sur un fond jaune. »

O'Neill, dans le *Textile colourist* (année 1877, p. 392), fait remonter la première application du vaporisage à l'an 1790. Ce procédé fut tenu aussi secret que possible et ne paraissait pas pouvoir devenir un procédé industriel, d'après Bancroft, que cite aussi O'Neill.

Il est probable que cette invention était inconnue en France, car M. Viart prit, le 12 novembre 1811, un brevet pour une manière d'imprimer sur laine ; il recommande de presser sur les pièces imprimées *avec un fer chaud.* On arrive, dit-il, au même but en faisant usage de la *vapeur d'eau* ou en faisant passer l'étoffe humide entre deux cylindres chauds.

Dans le principe, on ne prêta pas beaucoup plus d'attention en France qu'en Angleterre à ce moyen de fixer les couleurs, du moins à en juger par l'historique de l'impression à la vapeur sur laine et sur soie que M. D. Kœchlin a présenté à la Société industrielle de Mulhouse et dont voici un extrait :

« Les premières impressions de cette espèce ont été faites en « 1814 (V. à ce sujet la rectification publiée par Dollfus-Ausset « dans son ouvrage *Matériaux pour la coloration des étoffes,* t. I, « p. 108. Persoz dit en 1810, mais Dollfus-Ausset assure que « c'est seulement en 1814), sur mérinos en dessins riches, imi- « tation des châles cachemires, dans la maison Dollfus-Mieg, « sous la direction de M. Georges Dollfus. Après avoir imprimé « les couleurs sur l'étoffe, on se servait d'un fer à repasser « chaud pour déterminer la fixation ; mais ce procédé ne con- « duisit pas au but désiré. Les couleurs, tout en prenant assez « de vivacité, n'adhéraient pas assez fortement au tissu pour « résister au lavage.

« Plus tard, M. Georges Dollfus, se trouvant à Paris, fit, de « concert avec M. Loffet, de Colmar, des essais en vue de rem- « placer la chaleur du fer à repasser par celle de la vapeur « d'eau. A la suite de l'impression, ils pliaient des châles char- « gés de couleurs en les doublant entièrement de flanelle, et les « exposaient dans cet état à l'action de la vapeur d'eau *dans un* « *tonneau défoncé ajusté au-dessus d'une chaudière en ébulli-* « *tion.* »

Ce nouveau procédé de fixage des couleurs prit, en quelques années, le plus grand essor ; dès 1819, on s'en servait pour im- primer une grande quantité d'étoffes de soie et de laine dans les environs de Paris, à Beauvais et au Logelbach, en Alsace.

Des récompenses étaient décernées par le jury d'exposition à MM. Haussmann pour leurs impressions sur soie, et à Loffet pour ses dessins cachemire exécutés sur mérinos. Dollfus-Ausset dit dans son ouvrage, *Matériaux sur la coloration des étoffes* (t. I, p. 108, note 1) : « En 1819, j'ai rencontré à Man-« chester M. Nicolas Dollfus et son fils, qui se trouvaient en An-« gleterre, depuis quelque temps, pour vendre aux fabricants les « procédés sur laine ; il me dit : « *Les Anglais fixent à la vapeur* « *les couleurs imprimées sur laine et sur coton depuis un très-* « *grand nombre d'années ; ni moi, ni Loffet nous n'avons fait la* « *moindre affaire. Vieux, connu, est la réponse qu'on nous fait.* »

L'invention de Loffet, qui avait donné lieu à la formation de l'établissement de laines imprimées de Despruneaux, à Saint-Denis, reçut une application générale dans les fabriques des environs de Paris. On vit s'élever rapidement les diverses manufactures de Despouilly, Godefroy, Michel, Broquette, Guillaume, de la Morinière, Larsonnier, etc.; mais ce fut encore à l'Alsace qu'il était réservé de réaliser les progrès les plus rapides. Les années 1837 à 1839 furent remarquables par le développement donné à la fabrication des couleurs vapeur sur mousseline laine, pure laine, mousseline laine chaîne coton et sur coton pur.

Les Blech-Steinbach et les Kœchlin frères produisirent des articles pure laine très-remarquables. C'est à Josué Hofer que l'on doit l'introduction, en 1837, de l'impression des tissus chaîne coton à Mulhouse. Ce genre eut, pendant une longue suite d'années, une grande vogue ; mais il est presque délaissé aujourd'hui.

Kurrer introduisit le vaporisage en Allemagne, vers 1821.

Dès 1820, on imprimait en Angleterre des bleus vapeur au cyanure jaune, d'après M. Dollfus-Ausset, qui rapporta de Manchester la recette de cette couleur. Hargrave et Dugdale, deux manufacturiers anglais, ne sont cependant signalés qu'en 1825 pour avoir imprimé ce bleu sur toile préparée. C'est aussi de cette époque que datent les couleurs dites vert anglais à l'étain et les noirs anglais. Les rouges solides ne parurent que beaucoup plus tard. M. Gastard, de Colmar, chimiste de la maison Stackler, de Rouen, imprima des rouges garance solides pour lesquels il prit un brevet le 12 mai 1837, et, la même année, nous voyons apparaître des fonds noirs campêche avec rouge d'application solide dus à MM. Girardin et Grelley.

Si ce n'est à M. Georges Dollfus que revient l'honneur de l'invention du vaporisage, il faut cependant, ainsi qu'il résulte des recherches de M. Daniel Kœchlin, lui accorder qu'il a été un des innovateurs de ce genre d'impression, qu'il a su amener à un haut degré de perfection. Le genre vapeur a pris rapidement de l'extension, et, dès 1827, un nommé Bossard fabriquait, à Saint-Denis, des genres parfaitement réussis et de toute beauté. Il nous paraît intéressant de rappeler que, dès 1820, on a su fixer l'albumine par le moyen de l'eau bouillante *(Bulletin de la Société industrielle de Rouen*, 1875, p. 187); mais que ce n'est qu'en 1844 que l'albumine fut généralement employée pour être fixée par la vapeur. Pourtant, dès 1803, Hermstaedt réussissait à animaliser le coton en le trempant dans un bain formé de une livre d'eau et huit blancs d'œufs. *(Hermstaedt*, 1803. Berlin, vol. VIII, p. 123.)

Nous avons déjà fait remarquer que, dès 1740, on avait cherché, en Angleterre, les moyens d'imprimer directement les couleurs sur tissus, mais qu'on avait renoncé au procédé, car on n'avait pas songé à appliquer la chaleur *humide*. En 1755, un imprimeur établi aux environs d'Amiens, Bonvalet, réalisait des impressions en relief, par le moyen d'une presse chauffée par la vapeur d'eau; le tissu comprimé se trouvait gauffré et teint par l'adhérence de la couleur appliquée. Ces effets étaient obtenus par la pression et la chaleur *sèche* combinées. Cette opération d'exposer à la vapeur ou à l'étuve (nous ne confondons point, mais nous citons pour constater le point de départ en même temps que les observations dues aux teinturiers) était déjà comprise ; car, d'après Gonfreville *(Teinture des laines*, 1848, p. 691), on opérait ainsi à Rouen, en 1792 : « Après un fort garançage « sur mordant convenable, on donnait un simple débouilli à « l'eau pure en vase clos, mais en soutenant une longue et vive « ébullition ; et cette eau, quoique ne paraissant pas agir et ne « se salissant presque point, la couleur cependant s'améliorait « de ton, mais surtout de fixité. »

Le même auteur ne confond pas l'opération en vase clos et celle du vaporisage ; aussi, il ajoute plus loin : « Il est évident « que la vapeur seule a une action différente de celle de l'eau « chauffée à la même température et à la même pression. Dans « la vapeur chaude, l'étoffe est bien humide ; mais ce qui peut « devenir soluble ne peut cependant pas s'en séparer ainsi : il « ne pourrait que couler ou se déplacer, tandis que, dans l'eau, « les mêmes agents solubles se dispersent à même dans la masse ; « dans tous les cas, ce coulage est un inconvénient grave et « suppose une mauvaise préparation ; mais dans de bonnes con- « ditions, la vapeur fixe plus, etc. » Un peu plus loin, il dit encore, et nous citons ce passage parce qu'il nous donne occasion de faire un rapprochement avec un appareil nouvellement breveté : « L'air sec chauffé par des tuyaux, des double-fonds, « des serpentins remplis de vapeur, convient aussi pour des « mordants neutres dont le dissolvant (comme l'ammoniaque, « par exemple) est très-volatil. »

De nos jours, le vaporisage n'est plus une longue opération accessoire ; ce n'est plus comme il y a cinquante ans, le procédé complémentaire qui permettait de fixer quelques couleurs que l'on ne pouvait obtenir par la teinture ou que cette dernière ne rendait pas assez solides. Aujourd'hui, le vaporisage a absolument changé les divers modes de fabrication, non-seulement dans la toile peinte, mais encore dans la fixation des couleurs sur écheveaux ; aussi ne pouvons-nous préjuger de ce que l'avenir nous réserve. Mais, en présence de découvertes si importantes et qui se succèdent avec tant de rapidité, quand nous voyons se produire par vaporisage l'application des couleurs d'aniline, les rouges, roses, violets et bleus d'alizarine, les jaunes et oranges de nitro-alizarine, les noirs d'aniline, etc., etc., nous n'hésitons pas à dire que le vaporisage est appelé à rendre d'immenses services à l'industrie des étoffes peintes, et que c'est une opération sur laquelle il faut appeler toute notre attention. Ce mode de fixation est encore dans un état de transition, et nous ne croyons pas trop dire en avançant que, pour nous, le vaporisage est la teinture de l'avenir.

CHAPITRE II

GÉNÉRALITÉS SUR LE VAPORISAGE. — DÉFINITIONS DIVERSES.
CLASSIFICATION DES COULEURS VAPEUR.
DU ROLE DU VAPORISAGE DANS LA FIXATION DES
COULEURS. — THÉORIE.

Il en est du vaporisage comme de beaucoup de procédés incomplétement étudiés. Les explications, théoriquement parlant, ne font pas défaut ; mais, en général, elles ne sont applicables qu'à une certaine catégorie de couleurs, et ne peuvent satisfaire à la généralité des genres ainsi désignés. Du reste, nous croyons difficile de pouvoir exprimer très-simplement le mécanisme du vaporisage, par la raison qu'il y a toujours plusieurs facteurs en jeu qui, nécessairement, modifient les réactions qui peuvent se produire, sans encore compter les influences provenant de la composition des textiles sur lesquels on opère.

Avant de rien formuler, nous allons rapidement passer en revue les opinions des principaux auteurs qui ont traité ce sujet. Nous verrons ainsi comment s'expriment des chimistes dont la compétence est généralement reconnue et appréciée.

Stohmann, par lequel nous commençons, parce que sa définition du vaporisage est la plus générale, Stohmann, disons-
nous, s'exprime ainsi dans sa traduction libre de Muspratt
(1866, 2ᵉ édition, IIᵉ vol., p. 971 et suivantes): « Une couleur
vapeur, dit-il, est celle qui est fixée par la vapeur d'eau. »

Cette définition ne manque pas que d'être très-claire, mais
n'exprime rien de positif ; l'auteur ne paraît pas du reste en
être très-satisfait, car il croit devoir ajouter plusieurs corol-
laires à sa définition : « Beaucoup de couleurs peuvent être
« fixées par le vaporisage, les unes sont appliquées directement
« sur tissu blanc sans autre préparation ; mais les résultats sont
« supérieurs quand le tissu est préparé soit en dissolution
« d'étain, soit en acétate d'alumine, etc., etc. »

Dans son cours de chimie élémentaire, Regnault nous donne
une définition du vaporisage que nous aurions voulu passer
sous silence. Cet ouvrage élémentaire, est très-répandu dans
les établissements d'instruction professionnelle et la définition
du vaporisage qui s'y trouve, tend, selon nous, à donner des
notions incomplètes de ce genre d'opérations. Il s'exprime ainsi
(vol. IV, p. 541, édition 1854) :

« Beaucoup de couleurs se fixent plus solidement et prennent
« des nuances plus belles lorsqu'on expose les étoffes teintes à
« l'action de la vapeur : sous l'influence de la chaleur, la combi-
« naison des fibres textiles avec les mordants et les matières
« colorantes devient plus intime, et les nuances sont souvent
« modifiées d'une manière particulière. »

Il est superflu de faire remarquer que, dans cette définition, le
vaporisage paraît être une opération accessoire à la teinture,
tandis que les praticiens savent que cette opération est indispensable pour ce qui concerne les couleurs vapeur.

Relativement à l'effet de la chaleur, tout coloriste connaît les expériences de M. Chevreul sur le rôle de la chaleur dans le vaporisage.

M. Edouard Schwartz, auquel l'industrie des toiles peintes est redevable de tant de travaux, fit aussi quelques expériences à ce sujet, qui prouvèrent que la chaleur sèche ne pouvait fixer...

Une pièce imprimée en plusieurs couleurs vapeur fut partagée en deux : l'une des coupes fut soumise à l'action d'un fer chaud, pendant que les couleurs étaient encore humides ; l'autre coupe fut complétement séchée, puis, après séchage, soumise au même traitement. Les couleurs de la première coupe, après lavage, resistèrent, car elles étaient fixées et adhérentes au tissu, tandis que celles de la deuxième coupe ne purent résister au lavage. Il était donc évident que la vapeur d'eau jouait dans cette opération un des principaux rôles.

En 1874, M. Bastaert, ingénieur, à Paris, tenta d'employer la vapeur *surchauffée*, pour sécher les tissus et pour fixer les couleurs. Les essais de vaporisage ne donnèrent pas de résultats satisfaisants; cela tenait encore à la chaleur *sèche*. En humectant les pièces, il se formait un coulage et on tombait alors dans un autre écueil, ce qui fit abandonner ce procédé.

Un auteur qui fait autorité en la matière, M. J. Girardin, s'exprime ainsi [1] : « On appelle couleurs vapeur celles que l'on « ne fixe point sur les tissus par la teinture, mais par une « simple exposition à la vapeur d'eau. Les couleurs sont vives « et belles, mais elles sont loin d'avoir la solidité des couleurs « de grand teint.

[1] J. Girardin. *Leçons de chimie appliquée aux arts industriels.* 5ᵉ édition, t. V, p. 512.

« Le principe sur lequel repose ce nouveau genre d'im-
« pression est le suivant : former une laque colorée, la tenir en
« dissolution par l'intermédiaire d'un acide volatil, la laque se
« précipite alors sur les fibres et s'y combine assez intimement ;
« à la faveur de l'humidité et de la chaleur réunies, une combi-
« naison plus intime s'établit entre la matière colorante, l'oxyde
« et le tissu ; en sorte que ces couleurs d'application qui, après
« l'impression, étaient facilement enlevées par le lavage à l'eau
« pure, se trouvent consolidées à un haut degré, en même
« temps qu'elles acquièrent une vivacité qu'elles n'avaient pas
« avant ce traitement. »

La définition de M. J. Girardin ne peut s'appliquer qu'à une
catégorie spéciale de couleurs ; il fait du reste remarquer que ces
couleurs n'ont pas la solidité des couleurs grand teint ; cependant, dans le même ouvrage, il parle des rouges d'alizarine
qu'il considère comme grand teint. (Voir Girardin, t. IV, p. 517
et 200.)

D'un autre côté, sa définition se rapporte principalement aux
couleurs à base d'extraits de bois, tels que lima, campêche,
fustet ou graine, quercitron, et n'est nullement applicable aux
couleurs à base d'alizarine et d'alumine sur tissu préparé en
acide sulfoléique, par exemple, ou aux couleurs à base métallique, ou insolubles épaissies à l'aide de l'albumine, gluten,
caséine, lactarine, etc.

Nous pouvons ajouter que la plupart des couleurs d'aniline,
que l'on considère généralement comme couleurs vapeur, se
fixent aussi par la teinture, c'est-à-dire que l'on imprime l'albumine, qui est ensuite vaporisée et lavée, puis on teint dans
un bain contenant la matière colorante.

Persoz, dans son *Traité de l'impression des tissus,* ouvrage que nous aurons encore souvent occasion de citer, dit :

« Si l'on a étudié avec attention les moyens divers de fixer les
« couleurs aux étoffes, on a dû remarquer que toutes les laques
« colorées que l'on retrouve après les opérations de la teinture
« ont généralement été formées sur le tissu : c'est l'indigotine
« colorable qui, en s'oxydant, passe au bleu ; c'est le cachou
« qu'on oxyde et transforme en un de ses dérivés auquel on
« donne ainsi, avec une couleur plus foncée, une insolubilité qu'il
« n'a pas par lui-même ; c'est l'oxyde ferreux qu'une oxydation
« fait passer à l'état d'oxyde ferrique ; c'est l'oxyde manganeux
« qui se suroxyde pour donner naissance au bistre ; enfin, ce
« sont les oxydes aluminique, chromique et ferrique, qu'on
« fixe aux tissus pour les colorer dans divers bains de tein-
« ture.

« Que si les oxydes chromique et ferrique seuls peuvent
« devenir adhérents à l'étoffe sans se former sur la fibre même,
« encore est-il indispensable qu'ils lui soient présentés à l'état
« naissant.

« Maintenant, si l'adhérence ou la combinaison d'une couleur
« par teinture proprement dite ne peut avoir lieu qu'à l'une ou
« l'autre de ces conditions, en est-il de même dans le vapori-
« sage, ou bien les couleurs se fixent-elles par ce dernier moyen
« d'après d'autres lois ? C'est la première question à examiner ;
« elle semble dominer toutes les autres.

« Si les couleurs vapeur se fixaient à des conditions spé-
« ciales, il suffirait d'établir ces conditions sans se préoccuper
« des autres moyens de fixation, et toutes les couleurs pourraient
« être appliquées aux tissus à l'aide de la vapeur d'eau, aussi

« bien l'indigo que la garance, celle-ci que les bois rouges,
« que la cochenille, etc.

« Or, pour peu qu'on réfléchisse, on voit qu'il n'en est point
« ainsi, qu'il existe au contraire un rapport intime entre ce mode
« de fixation et ceux déjà connus. En effet, on dépose tantôt
« un corps soluble, comme l'acide ferrocyanique qui, décompo-
« sable par la chaleur, passe peu à peu à l'état de bleu de Prusse
« insoluble; tantôt une laque, véritable composé salin, qu'on
« dissout dans un acide capable de balancer la puissance de la
« matière colorante, et qui s'empare momentanément de la base
« à laquelle elle est unie pour la lui rendre sous l'influence de
« la vapeur d'eau, soit qu'il doive être expulsé par la chaleur
« soit que dans de pareilles conditions il perde tout ou une
« partie de l'affinité qu'il avait d'abord pour l'oxyde (base de la
« laque); tantôt enfin, une matière colorante mélangée à un sel
« dont elle peut déplacer l'acide, qui, en disparaissant comme
« dans les cas précédents, la laisse en combinaison intime avec
« la base et l'étoffe.

« D'après ce qui précède, dit Persoz, on ne trouvera pas
« étonnant que, jusqu'à présent, on ne soit point encore par-
« venu à fixer l'indigo par le vaporisage, qui demande comme
« condition préalable de toute fixation de couleur qu'elle puisse
« exister momentanément à l'état soluble, état auquel la vapeur
« d'eau ne peut amener une substance qui ne l'affecte qu'en
« suite d'une réaction chimique des plus prononcées. »

On peut voir, par ces nombreuses citations, à combien de couleurs diverses s'applique le nom de couleurs vapeur.

Nous allons terminer cette revue, déjà trop longue, en exposant le système de classification des couleurs en général. Ce système est dû à M. Schützenberger.

Nous aurons, en formulant notre propre opinion, à revenir sur ces diverses appréciations, et si nous nous permettons d'exposer notre manière de voir, nous ne nous faisons pas l'illusion de croire qu'elle puisse être admise sans contestations; mais toute imparfaite qu'elle paraisse, nous nous estimerons heureux même si, dans ses errements, elle a pu contribuer pour une faible part à la solution de ce problème industriel.

Examinons d'abord la classification générale qu'a indiquée M. Schützenberger; nous citerons ensuite les diverses observations relatives aux couleurs vapeur formulées par lui dans le Dictionnaire de Wurtz (23ᵉ fasc., *Teinture*, p. 271).

En pratique, dit M. Schützenberger dans son *Traité des matières colorantes*, on divise les couleurs d'après le procédé employé pour les fixer, en couleurs de teinture, couleurs vapeur, couleurs d'application.

Cette classification est un peu arbitraire, ces expressions n'ayant pas encore reçu de définitions rigoureuses ; aussi est-on souvent dans l'embarras pour assigner à un procédé sa véritable place.

M. Schützenberger établit la classification suivante, mais sans s'arrêter spécialement aux couleurs vapeur :

A. Fixation mécanique des couleurs insolubles par albumine, gluten, caséine, etc.

Exemple : Vert Guignet, outremer, etc., laques, etc.

B. Fixation de la matière colorante à la fibre ou teinture simple.

B 1. Le tissu est plongé dans la matière colorante, et se teignent ainsi, la soie, la laine, avec couleurs d'aniline, etc.

B 2. La matière colorante est imprimée sur tissu et on expose à la vapeur d'eau.

Exemple : Les couleurs vapeur laine et soie.

C. La couleur fait corps avec la fibre qu'elle imprègne, mais elle n'est pas combinée chimiquement avec elle.

c 1. Fixation par attraction de surface ou de porosité ; carthamine, rocou, indigo.

c 2. Fixation par attraction chimique sur une matière colorante en solution :
Genre vapeur coton.

c 3. Fixation par oxydation.
La matière colorante est appliquée sur la fibre et soumise à une action oxydante.

c 4. La couleur est dissoute dans un dissolvant physique ou chimique susceptible de se volatiliser spontanément par exposition à la chambre chaude ou au vaporisage.

c 5. La couleur se forme sur la fibre par double échange ou déplacement opéré entre deux sels, un sel ou un hydrate alcalin ou un carbonate alcalin.
Fixation des oxydes métalliques.

c 6. Les éléments constituants d'une couleur sont

mis en présence de la fibre en solution chimique, et dans un état tel, que sous l'influence de la chaleur humide (une grande partie des couleurs vapeur) ou du temps (couleurs d'application), ils se réunissent pour former une couleur insoluble qui deviendra en même temps adhérente.

α Exposition à l'air avec ou sans l'influence alcaline.

β Passage en bain oxydant chromaté.

γ Introduction dans la couleur d'agents ne réagissant qu'à une certaine température.

δ Oxydation, vaporisage.

D'après cette classification, les couleurs vapeur rentreraient à peu près dans toutes les séries indiquées, tandis que dans son article intitulé *Couleurs vapeur*, nous les estimons beaucoup mieux caractérisées. Elles sont classées en trois catégories :

1° Les couleurs insolubles fixées à l'albumine ;

2° Les préparations renfermant les matières colorantes nouvelles dérivées de l'aniline et de ses homologues. S'agit-il de la laine et de la soie, qui possèdent par elles-mêmes la propriété de se combiner avec les matières colorantes, il suffit d'y appliquer leur dissolution convenablement épaissie et de vaporiser pour provoquer une véritable teinture sur place. Pour le coton, le tissu aura à subir une préparation préalable, afin de lui faire acquérir la propriété qui lui manque d'attirer les matières colorantes, ou bien on doit ajouter à la couleur d'impression un agent qui servira de mordant;

3° Les anciennes couleurs vapeur, dans lesquelles entrent d'une part les matières colorantes naturelles susceptibles de se fixer par le concours de mordants minéraux, et que l'on emploie sous forme d'extraits ou de décoctions; d'autre part, une préparation métallique capable de fournir à la matière colorante l'élément basique qui lui est nécessaire pour former une laque.

Dans ce cas, la matière colorante et le mordant se trouvent en présence, dans la couleur à imprimer, à l'état de dissolution; la vapeur d'eau détermine la précipitation de la laque dans les pores de la fibre.

C'est en raisonnant les nombreuses observations des auteurs précités que nous avons été amenés à établir une classification générale comportant toutes les couleurs vapeur sur tous tissus, et pouvant donner par sa dénomination même, *selon nous*, une idée générale de la composition de la couleur.

Nous admettons donc trois classes principales de couleurs vapeur, et nous leur donnons les dénominations suivantes :

1° Couleurs vapeur chimiques ;
2° Couleurs vapeur physiques [1];
3° Couleurs vapeur mécaniques.

---

[1] Il ne faut attribuer à l'expression de *physique* qu'une valeur relative. Si nous employons ce terme c'est pour spécifier les couleurs toutes formées et se fixant soit sous l'influence dissolvante de la vapeur d'eau et de la chaleur, soit sous une influence de porosité ou de toute autre action non définie, mais sans qu'il y ait de combinaison chimique bien caractérisée, tandis que les couleurs *chimiques* se forment par l'action des sels en présence donnant des laques ou précipités colorés sur le tissu.

Nous donnons plus loin des explications détaillées concernant cette classification.

PREMIÈRE CLASSE. — COULEURS VAPEUR CHIMIQUES.

A. La couleur contient les éléments nécessaires pour former une *laque colorée* ou un *précipité coloré,* elle contient aussi la matière colorante, c'est-à-dire : la substance colorante est appliquée sur la fibre à l'état soluble (A 1) ou à l'état insoluble (A 2), en présence de sels ou de mordants qui, par l'effet de la vapeur d'eau, transformeront le principe colorant devenu soluble en un composé, soit laque, soit précipité, etc., insoluble qui reste adhérent au tissu. Exemple :

> A 1. *A l'état soluble,* exemple : graine de perse, campêche, cochenille, les bois en général, cachou, etc., sels d'aniline de naphytlamine, prussiates, etc.

> A 2. *A l'état insoluble,* exemple : indigo, alizarine, céruléine, nitro-alizarine, etc.

Ces couleurs doivent *absolument* contenir un ou plusieurs sels qui deviendront la base du corps coloré à former sous l'influence de la vapeur d'eau.

B. La couleur *ne contient pas* les éléments nécessaires pour former une *laque colorée* ou un *précipité coloré,* mais le tissu est préalablement préparé avec un sel et la couleur contient la matière colorante en même temps qu'un dissolvant du mordant appliqué sur le tissu, ainsi :

> Graine de perse, campêche, cochenille, les bois ca-

chous, etc. imprimés sur tissus aluminés ou stannatés, sel d'aniline sur tissu, mordancé, indigo sur tissu stannaté et un sel approprié (ce qui est encore à trouver), alizarine, nitro-alizarine, bleu d'alizarine sur tissu préparé en fer, alumine, chrome, etc., prussiate sur tissus stannatés, etc.

DEUXIÈME CLASSE. — COULEURS VAPEUR PHYSIQUES.

A. La couleur contient la matière colorante sous deux états, soit :

    1° *A l'état soluble,* soit que la substance puisse le devenir sous l'influence de la vapeur d'eau, soit qu'il se trouve dans la couleur un corps capable de *dissoudre* cette matière colorante à la température du vaporisage. Telles sont les couleurs, vapeur, laine, soie, le gris d'aloës au sulfure organique.

    2° *A l'état insoluble,* c'est-à-dire que, dans ce cas, la matière colorante peut être fixée par la vapeur d'eau sans être dissoute, les uns disent par affinité, d'autres, et nous partageons cet avis, par porosité. Tels sont les gris à la noix de galles, sans mordant imprimés sur coton, le gris mode obtenu en vaporisant de l'amidon grillé seul.

B. La couleur, c'est-à-dire la matière colorante, est *dissoute* dans un dissolvant physique n'altérant en rien les propriétés de la matière colorante. Cette couleur est susceptible de

se précipiter soit par abandon de l'acide, soit par neutra-
lisation du véhicule dissolvant; ainsi, cachou à l'ammoniaque, laque de garance à l'acide chlorhydrique, curcu-
mine à l'acide acétique, etc.

TROISIÈME CLASSE. — COULEURS VAPEUR MÉCANIQUES OU PLASTIQUES.

Les couleurs sont fixées par une substance qui se coagule ou
qui, d'une façon toute mécanique, retient et emprisonne sur le
tissu les matières colorées insolubles.

Dans cette série rentrent l'albumine, la caséïne, le gluten, le
tannate de gélatine, la lactarine, etc., etc., mélangés avec les
outremers de toutes couleurs, blanc, bleu, violet, vert, gris,
rose, etc., les vermillon, orange, jaune d'antimoine, rouge
cinabre, orange et jaune de baryte, de chrome, blanc de zinc,
bruns de manganèse, laques de garance, carmins de cochenille,
gris charbon, argentine, gris d'aniline, violet d'aniline, fuchsine,
éosine, bleu de cobalt, etc., etc.

Ces mêmes couleurs peuvent être fixées pour la plupart, par
d'autres procédés sans qu'il soit nécessaire de modifier leur
composition. Ainsi les couleurs albumine, etc., peuvent se fixer
tout aussi bien par l'eau bouillante ou par des bains tenant en
suspension des acides ou des sels coagulant l'albumine.

Nous venons de définir, à notre point de vue, trois diverses classes de couleurs vapeur ; il eût peut-être paru plus rationnel de n'en établir que deux, savoir :

1° Couleurs chimiques ;

2° Couleurs plastiques ou mécaniques.

Mais, comme nous avions remarqué (et nous croyons ne pas être loin de la vérité) qu'il y avait des différences trop caractérisées entre certaines couleurs pour les comprendre dans une même classification, nous avons cru devoir scinder et admettre des couleurs chimiques et des couleurs physiques.

Ces expressions, quoique ne rendant pas parfaitement notre pensée, nous ont paru se rapprocher le plus de l'idée que nous nous faisons de ces deux divisions.

En effet, que nous considérions les couleurs que nous appelons chimiques, nous y trouvons *toujours* une réaction parfaitement caractérisée, tandis que dans les couleurs que nous avons appelé physiques, la fixation a lieu, non pas par une réaction définie, mais dans la plupart des cas (voir deuxième classe A 1 et B), par une dissolution et même dans quelques-uns (voir deuxième classe A 2) sans qu'il y ait dissolution.

Nous reviendrons plus loin sur le second terme de cette division. Pour le premier, il nous semble nécessaire de spécifier ce que nous entendons pour *dissolution* : Nous ne discuterons pas la différence possible ou admissible entre la combinaison chimique et la dissolution, nous remarquerons cependant que l'une et l'autre se font par molécules et ce trait caractéristique fait admettre la dissolution comme combinaison chimique.

Un corps quelconque peut passer de l'état solide à l'état liquide.

Si c'est la chaleur qui agit, on est convenu d'appeler ce changement *fusion*.

Si, au contraire, on met deux corps en présence et que l'un d'eux absorbe l'autre d'une manière aussi complète que par l'influence de la chaleur, on dit qu'il y a *dissolution*, sans qu'il y ait une température déterminée pour opérer, il n'en est pas moins vrai que la dissolution consomme une certaine quantité de chaleur qui devient latente [1].

Remarquons encore que dans la dissolution le volume total varie peu de celui du dissolvant, quelle que soit la quantité de substance dissoute, tandis que quand nous mettons deux liquides en présence, il n'en est pas de même.

Signalons encore quelques détails caractéristiques empruntés à M. Paul Dronier [2], ainsi :

Un corps dissolvant et un corps dissous paraissent indifférents l'un à l'autre; car lorsque la dissolution est saturée, le corps soluble se dépose en cristallisant.

Un dissolvant s'échappe en vapeur lorsqu'on chauffe la dissolution à la même température que s'il était vaporisé isolément.

Enfin, dans une dissolution, le corps soluble obéit à la pesanteur et la dissolution n'est pas homogène lorsqu'on n'agite pas le liquide.

Berzélius admettait que la dissolution est une combinaison, mais *d'un autre ordre,* disait-il. L'idée de l'illustre chimiste est tout à fait conforme aux idées admises de nos jours, car « nous définissons la dissolution simple, une fusion suivie d'une diffusion; nous sommes cependant amenés à faire, en outre, une seconde distinction entre la combinaison atomique (la vraie

---

(1) *Physique de Boutan et Alméïda,* 1863, page 213.

(2) *Essais sur la mécanique moléculaire,* par P. Dronier, Paris 1875.

combinaison chimique) et la combinaison moléculaire, combinaison qui dégage aussi de la chaleur, celle, par exemple, qui unit un sel à son eau de cristallisation. » C'est ainsi que s'exprime M. G. Salet à ce sujet dans son article sur l'affinité [1].

Nous avons, en raison des considérations qui précèdent, jugé nécessaire d'établir une classification plus en rapport avec les phénomènes de dissolution et de combinaison qui se produisent dans le vaporisage, et c'est pourquoi nous avons admis une classe de couleurs vapeur chimiques et une classe de couleurs vapeur physiques.

Nous allons maintenant tenter de donner une théorie applicable à chaque classe de ces couleurs.

Raisonnons d'abord le but général d'une théorie, c'est de donner une explication de faits observés. Dumas dans sa philosophie chimique [2] dit : « Anciens ou modernes, les chimistes « veulent voir avec les yeux du corps avant d'employer ceux « de l'esprit, ils veulent faire des théories pour les faits et non « chercher des faits pour les théories préconçues. » Mais, il convient de remarquer que souvent un système ainsi spécifié ne s'applique pas directement aux faits entourés de toute leur complication, mais à des formes plus ou moins simplifiées que l'on obtient par l'abstraction. Le raisonnement amène à des déductions qui, coordonnées, établissent un ensemble sans que

(1) *Dictionnaire de chimie de Wurtz*, page 77, article Affinité, 1re col.
(2) *Leçons sur la philosophie chimique*, par Dumas, page 4.

l'on puisse donner d'autres preuves que les résultats terminaux positifs; il est facile de comprendre du reste que l'on ne cherche pas la reproduction d'une image complète de la réalité, mais à présenter des approximations suffisantes permettant de suppléer à la réalité, que l'on ne pourrait embrasser dans son ensemble.

Nous cherchons donc à concevoir des objets plus simples que les objets réels et à les coordonner au moyen d'une conception dont le but est de nous faire saisir plus facilement l'ensemble.

Nous avons défini précédemment trois classes de couleurs vapeur.

Quel est, dans ces divers cas, le rôle du vaporisage ?

L'explication de cette opération, quoique paraissant fort simple, ne manque pas que de laisser un vaste champ aux hypothèses les plus variées, et les causes de ces nombreux effets sont encore fort discutées.

Rappelons d'abord que le phénomène de la chaleur latente est une condition *essentielle* des changements d'état [1].

Ajoutons que la vapeur d'eau à 100° (à la pression ordinaire) contient de l'eau et deux quantités particulières de chaleur : l'une, accusée par le thermomètre, et l'autre, insensible, appelée latente.

C'est à l'action combinée, de la chaleur de la vapeur, de la chaleur latente abandonnée par la condensation et à la présence d'eau que nous attribuons une grande partie des effets du vaporisage, et voici comment nous les expliquons :

Pour ce qui est des couleurs *mécaniques,* il est évident que ce n'est que la chaleur qui agit par coagulation.

---

[1] *Physique de Pouillet,* tome I, page 190.

Pour les couleurs que nous appelons *physiques*, la vapeur, en échauffant les sels dissolvants de la couleur, les fait évaporer et produit ainsi, par l'enlèvement soit de l'acide dissolvant ou du sel volatil ou de la base employée, le dépôt d'une laque colorée (c'est là le cas des anciennes couleurs vapeur, dites d'application) ; ou bien, dans la laine et la soie, la vapeur ouvre les pores du tissu et y dépose les matières colorantes devenues solubles à la faveur de l'humidité de la vapeur [1]. On sait que le coton soumis à la vapeur d'eau éprouve une sorte de trempe qui l'empêche de se détordre ; pour nous, l'action de la vapeur d'eau sur la laine dans le vaporisage est analogue. Tout en produisant un effet opposé, nous comparons [2] la fibre ani-

[1] Voir dans les *Addenda* la note Broquette.

[2] Nous rappelons à ce sujet que la plupart des textiles employés ne sont pas des tubes, mais affectent des formes diverses. — Nous ne nous occupons ici que du coton, de la laine et de la soie ; les textiles employés dans l'impression deviennent de plus en plus nombreux ; ajoutons aussi que la nomenclature des substances que l'on peut employer comme textiles s'accroît de jour en jour et l'on n'en compte pas moins de *six cent cinquante*. *(Voir catalogue de textiles, par M. **** de Melle)*.

Le coton employé dans l'industrie provient des espèces suivantes :

Gossypium indicum, Lam.	Gossypium saudwicense, ?
— barbadense, S W.	— taïtense, ?
— vitifolium, Lam.	— religiosum, L.
— hirsutum, S W.	— javanicum.
— micrantum, Lam.	— peruvianum.
— arboreum, W.	— conglomeratum
— accuminatum, Roxb.	— flavidum
— herbaceum, L.	— sanguineum, Hssk.

Il existe une foule de textiles appelés coton, mais qui ne sont même pas de l'espèce du cotonnier. Ces plantes sont, du reste, encore peu employées ; citons parmi elles : le coton des Caffres ou *Monfonga*, le coton canadien qui n'est autre qne l'*Asclepias Cornuti*, le coton sauvage ou Silkweed aussi appelé herbe à la ouate *(Asclepias Syriaca)*, les cotons Kapas Tnendeh *(Asclepias curassavica)*, aussi appelé Kapassajg, le coton de natal *(Ipomea Girardi)*, le coton soyeux ou coton fromager provenant de divers Bombax.

La fibre du coton est généralement aplatie ; la cuticule présente **une structure spirali-**

male à un tube dans le genre du tube barométrique, ce tube s'ouvrant sous l'influence de la chaleur de la vapeur qui se condense, et par conséquent abandonne son calorique, et se

forme ou grillagée. La plupart des poils de coton sont contournés autour de leur axe, propriété que leur enlève l'acide azotique.

La laine provient généralement du mouton, de l'alpaca, de la chèvre d'Angora; on fait aussi des étoffes en poil de chat, de bœuf, de cheval, de lièvre, etc. C'est la laine du mouton qui est généralement employée dans l'impression.

La laine de mouton (de l'*ovis aries*) a une couleur blanc jaunâtre, les filaments sont frisés et ressemblent à des artichauts prolongés, c'est-à-dire que la fibre de la laine paraît recouverte d'écailles assez irrégulières qui diffèrent dans chaque sorte. Des îlots de cellules médullaires sont très-fréquents. La laine de mouton diffère beaucoup de celle du chat, par exemple.

Quant à la soie, les principales espèces industrielles sont les suivantes :

La soie du Bombyx cynthia.		La soie du Bombyx mylitta.
—	— faidherbii.	— — sélène.
—	— mori.	— — yama-maï.

Nous voyons, par la reproduction ci-contre, pl. I, que cette fibre animale paraît formée de bandes striées longitudinalement, qui sont souvent parallèles à l'axe du fil.

Nous croyons devoir ajouter, à propos des trois principaux textiles, quelques données sur leur consommation et leur production depuis le commencement du siècle.

COTON.

Il a été importé en France et *consommé*, d'après M. Ganinet (*Recueil du Coton, Havre 1877)*, les quantités suivantes (par le port du Havre).

Balles de 180 à 200 kil.

1810	60,000 balles.
1817	62,000 —
1820	96,000 —
1826	184,000 —
1836	233,000 —
1846	350,000 —
1856	457,900 —
1866	466,000 —
1876	904,230 —

L'Angleterre a consommé, en 1876, 3,095,070 balles.

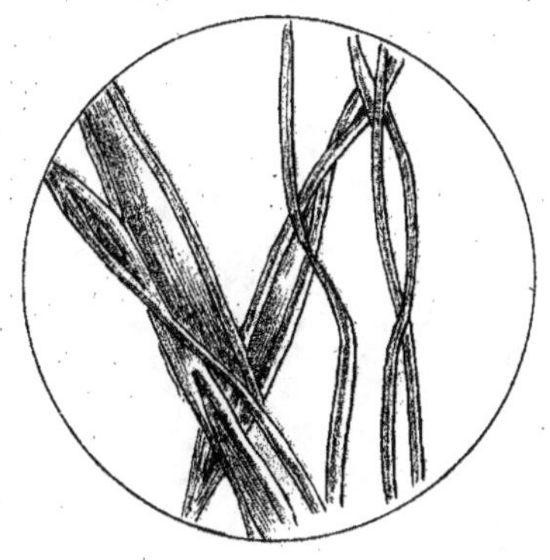

Coton.

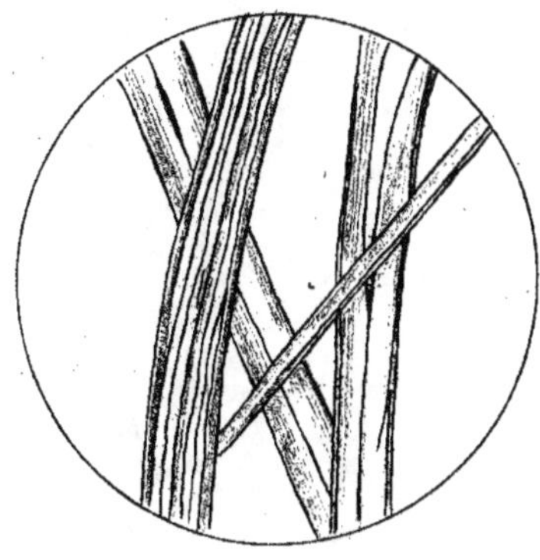

Soie

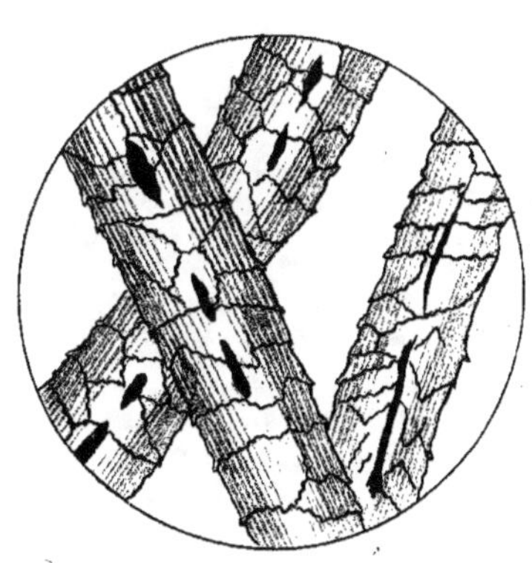

Laine

Grossissement 350 Diamètres.

FIBRES DE COTON, LAINE, SOIE, VUES AU MICROSCOPE.

refermant sous l'influence de la vapeur chaude, c'est-à-dire, non encore détendue et n'ayant ainsi pas encore abandonné son humidité; seulement, ce tube imaginaire dilaté laisse pénétrer

L'Europe entière a consommé :

En 1867. . . . . 4.600.000 balles.
    1876. . . . . 5.570.000 —

La valeur des tissus de coton fabriqués en France a été de :

1812. . . . . 176.000.000 fr. . . . . (Moreau de Jonnès).
1850. . . . . 334.000.000 . . . . id.
1875. . . . . 400.000.000 . . . . (M. Cordier).
                                        (Voir enquête.)

Aperçu de la valeur du coton en laine consommé en France.

1816. . . . . 72.000.000 fr. . . . . 12.000.000 kil.
1826. . . . . 112.000.000 . . . . 32.000.000
1836. . . . . 130.000.000 . . . . 40.000.000
1846. . . . . 105.000.000 . . . . 65.000.000
1850. . . . . 106.000.000 . . . . 71.000.000
                                  (D'après Moreau de Jonnès).

Les établissements fabriquant la toile peinte étaient, en 1850 (d'après Moreau de Jonnès), au nombre de 87, occupant 10,081 ouvriers, employant pour 30 millions de matières premières et produisant pour 50 millions environ de produits fabriqués (Voir Corneille, *La Seine-Inférieure*, et aussi Cordier, *Rapport sur l'Exposition de 1867*).

Depuis cette époque, de profondes modifications ont eu lieu et il serait très-intéressant de connaître la situation de la toile peinte en France depuis la perte de l'Alsace-Lorraine et aussi quelle a été l'influence des traités de commerce de 1860.

L'Angleterre nous dépasse beaucoup et sa consommation est réellement fabuleuse.

Les manufactures ont consommé :

1781. . . . . 1.500.000 kil. . . . . (Tolozan).
1787. . . . . 11.300.000 . . . . id.
1812. . . . . 30.640.000 . . . . (Chaptal).
1820. . . . . 68.703.000 . . . . (Moreau de Jonnès).
1826. . . . . 81.445.000 . . . . id.
1848. . . . . 315.459.000 . . . . id.
1850. . . . . 298.609.000 . . . . id.
1867. . . . . 420.000.000 . . . . (Ganivet).
1876. . . . . 557.100.000 . . . . id.

une certaine quantité de matières colorantes tenue en dissolution par la vapeur d'eau sous l'influence de la température.

Par le refroidissement, une torsion ou un retrait s'opère, l'eau s'évapore ou se condense, et le tube retient les particules de matières colorantes. On sait que cette action n'est pas chimique ; quoique d'aucuns l'admettent, nous pensons que ce n'est qu'un effet physique. On nous objectera qu'il existe pour la fibre un état de saturation au-delà duquel elle n'est plus susceptible de retenir une plus grande quantité de matière colorante. Nous supposons que cela doit être, car la laine (ou la soie), recevant

LAINE.

Nous n'avons que peu de documents sérieux concernant la valeur de la production des lainages, voici leur production en francs :

En 1788	225,000,000 fr.	(Tolozan).
1812	238,000,000	(Chaptal).
1850	414,000,000	(Moreau de Jonnès).
1875	400,000,000	(Corneille).

SOIE.

Il a été importé en France les quantités suivantes de soie grège (d'après le relevé des Douanes).

Année 1815	283,000 kil. valant	14,790,000 fr.
1820	570,000 —	29,500,000
1830	700,000 —	33,580,000
1845	1,600,000 —	64,000,000
1849	2,358,000 —	94,000,000

La valeur de la *production générale* de la soie en France a été estimée, en 1855, à 582 millions, et la valeur de la soie *récoltée* en France seulement est estimée à 230 millions (Girardin).

La production de la soie grège dans le monde entier s'élève à 37 millions de kilog. représentant un revenu brut de plus *d'un milliard* sur lequel la Chine exporte à peu près 40,000 balles valant 700 millions (Siegfried). L'Europe produit environ 16 millions de kilog. dans lesquels la France figure pour un cinquième ou approximativement, 3 millions de kilog. valant 108 à 110 millions de francs.

peu de matière colorante, pourra l'absorber; mais représentant un certain volume, la fibre, à l'instar d'un tube, ne pourra contenir qu'un volume relatif et proportionnel de matière colorante. En supposant que l'on veuille fixer une quantité supérieure à celle qu'il pourrait absorber, cette quantité serait partiellement perdue et la fibre n'absorberait que la quantité relative à sa capacité d'absorption ou de contenance.

Ce même cas se représente dans la teinture.

Que l'on teigne avec peu de matière colorante, la laine et la soie l'absorbent complétement, et le bain devient limpide comme de l'eau pure. Forçons la dose, les fibres se teignent encore et deviennent très-foncées ; mais si nous renforçons les bains, les fibres *paraîtront* colorées avec beaucoup d'intensité. Le lavage nous fera voir que la matière colorante n'est pas fixée, qu'elle n'est qu'entraînée et adhérente mécaniquement. Il en est aussi de même dans le vaporisage, et ce que l'on appelle *saturation* en teinture existe, croyons-nous, tout aussi bien dans le vaporisage, que nous considérons comme une teinture sèche.

Ajoutons encore, relativement aux couleurs vapeur physiques, que l'on ne peut enlever par des *dissolvants* appropriés la plupart des couleurs de cette catégorie sans altérer les matières colorantes; nous croyons pouvoir en déduire que ce ne sont pas des combinaisons chimiques.

Un exemple de ce genre de couleurs nous est fourni par les charbonniers. Ils se garantissent la tête au moyen d'un chapeau de feutre qui, de blanc qu'il est primitivement, passe par toutes les nuances du gris. Une absorption toute particulière des matières colorantes a lieu par la laine, comme nous le supposons dans le vaporisage des couleurs physiques; en tous cas, il n'a pas été possible jusqu'à présent, par aucune opération dissolvante, d'enlever cette couleur.

Si nous imprimons sur coton une couleur contenant simplement de l'amidon grille foncé et que nous vaporisions, le tissu restera coloré et l'eau ne pourra plus enlever cette coloration. Il en est encore ainsi en imprimant une dissolution de noix de galles, on obtient, sans aucun mordant, une coloration par le vaporisage.

Dans les couleurs vapeur dites *chimiques*, les couleurs se fixent par la vapeur d'eau agissant par sa chaleur et son humidité ; elle devient en même temps le véhicule dissolvant (Voir les essais de Chevreul et de E. Schwartz, page 14).

Quelques praticiens admettent une décomposition de l'eau qui dans ces conditions deviendrait un corps oxydant ou hydrogénant suivant la nature des couleurs ; il y aurait une expérience à faire pour s'assurer de la réalité de cette hypothèse ; ce serait de vaporiser une couleur au moyen de la vapeur, non pas d'eau, mais d'un corps pouvant se décomposer dans les mêmes conditions, c'est-à-dire pouvant donner soit de l'oxygène soit de l'hydrogène, suivant les couleurs, et pouvant en même temps dissoudre les corps qui doivent se combiner.

Une expérience de ce genre est celle faite par M. Prud'homme (dans l'essai de réduction de l'indigo dans les conditions similaires à celles du vaporisage). Un mélange de glycérine, carbonate de soude et protoxyde d'étain, réduit l'indigo à chaud. Les mêmes éléments, avec l'eau remplaçant la glycérine, ne mènent qu'à une réduction incomplète [1].

(1) *Moniteur scientifique*, 1877, page 543.

L'idée de vaporiser avec des vapeurs contenant d'autres substances n'est du reste pas nouvelle, car nous trouvons dans un auteur que nous avons déjà cité, Gonfreville, *Art de la teinture des laines*, p. 687, des observations analogues.

« On peut faire réagir une vapeur acide, alcaline, odorante, « éthérée, alcoolique, ammoniacale, acétique, hydrosulfureuse, etc.

« On a pour but principal, dit-il, dans l'exposition à la « vapeur, de rapprocher, de favoriser par la dilatation de l'air (?) « certaines affinités délicates auxquelles il semble un obstacle « même en ses plus infimes subdivisions. Dans une teinture au « bain bouillant, l'air est nécessairement chassé complétement « du bain, et la dilatation, dans un sens, rapproche ou con- « court à rapprocher les atomes des corps qui ont de l'affinité ; « car il y a mille exemples, dans l'art de la teinture, de combi- « naisons qui ne peuvent s'accomplir que par le concours de « plus ou moins de chaleur, qui, en la dilatant, équivaut à une « division des substances. »

Nous n'avons fait que citer pour prouver qu'il y a déjà long-temps que l'on a cherché à appliquer des corps autres que la vapeur d'eau au vaporisage. Il nous paraît même assez étrange que les praticiens n'aient pas encore songé à appliquer au va-porisage l'appareil Giffard, convenablement approprié à ce mode de fixation. Si, en effet, on munit le fond d'une cuve d'un tuyau de vapeur A, et que, en face de ce tuyau de vapeur on place, à angle droit, un autre tube à orifice très-petit B ; qu'ar-rivera-t-il si l'on fait fonctionner la vapeur? Nous entraînerons, avec la vapeur d'eau, de l'air, et nous aurons ainsi fait un appareil dans le genre de celui de M. Rosenstiehl. Que nous placions un réservoir au-dessous du tube B, la vapeur entraînera le liquide qui pourra se trouver dans la bâche et nous pourrons de la sorte, à volonté, obtenir un vaporisage à vapeur d'eau, ou

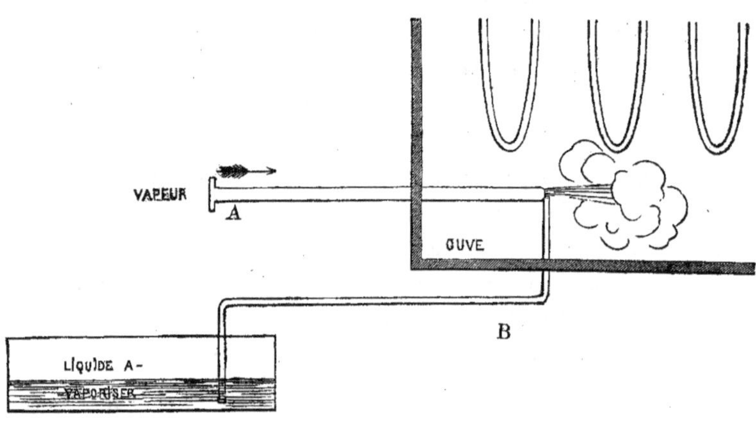

d'ammoniaque ou d'acide. Nous livrons cette idée à la critique des praticiens, persuadés que nous sommes qu'ils sauront en tirer un parti utile.

Peut-être parviendra-t-on par ce moyen à fixer l'indigo par vaporisage. Il suffirait, pensons-nous, de l'imprimer avec un corps réducteur et de vaporiser dans une atmosphère d'ammoniaque. L'indigo, rendu soluble, pénétrerait dans les pores de l'étoffe et y adhérerait, en s'oxydant, par l'action d'un vaporisage ultérieur fait avec une vapeur contenant une substance oxydante.

Reprenons notre explication. On sait que généralement la solubilité d'un sel augmente avec la température (il y a des exceptions, mais en thèse générale cette assertion est admise), de même les bains de teinture deviennent plus riches avec la température. Aussi voyons-nous les teinturiers qui, insciemment et sans raisonnement, mais, par l'effet de l'observation, mettent dans leurs bains des sels inertes qui retardent les points d'ébullition : sels de magnésie, de Glauber. Si nous examinons à un autre point de vue la capacité calorifique de la *vapeur d'eau* et de l'*eau*, nous verrons que la quantité de chaleur appelée calorie est capable d'élever la température de 1 kil. d'eau de 0° à 1° à la pression ordinaire : mais si ce même kilogramme d'eau que nous aurons fait chauffer à 100° et pour lequel il nous a fallu 100 calories, si ce même kilogramme, disons-nous, doit être converti en vapeur, nous remarquerons qu'il nous faut beaucoup plus de chaleur ou de calories que le thermomètre n'en indique.

Cette quantité de chaleur, dite latente, est précisément le nombre des unités de chaleur ou de calories que ce kilogramme d'eau *absorbera* ou *dégagera* au moment où il changera d'état.

L'expérience a montré qu'il faut 537 calories.

En se condensant, la vapeur dégage donc cette énorme quantité de calorique et c'est, d'après nous, cette chaleur qui constitue une des principales forces du vaporisage. La vapeur d'eau joue incontestablement un grand rôle ; mais ne faut-il pas aussi tenir compte des capacités calorifiques des corps mis en présence. Toute combinaison dégage plus ou moins de chaleur suivant la nature des corps, et toutes ces quantités de chaleur, mesurables comme les chaleurs spécifiques, doivent évidemment aussi entrer en ligne de compte : nous n'essaierons pas de développer ces considérations qui nous entraîneraient au-delà du but que nous nous sommes proposés, et qui touchent aux questions les plus ardues de la science. Ce serait entreprendre un travail au-dessus de nos forces, et nous n'avons d'autre but que d'exposer, aussi simplement que possible, la théorie que nous livrons à la critique.

Revenons au vaporisage. Que se passe-t-il dans cette opération ?

Prenons, par exemple, de l'eau et de l'alizarine que nous plaçons dans un vase quelconque : à la température ordinaire, il n'y aura pas trace de dissolution ; à 100° l'eau dissoudra à peine quelques traces d'alizarine $\left(\frac{3}{10,000}\right)$.

Prenons maintenant un tube fermé, dans lequel nous mettrons la même eau et la même alizarine : nous ne modifierons en rien l'expérience, si ce n'est que nous éléverons la température et la pression ; si nous chauffons à 150°, 200°, 250°, que se passera-t-il ? Nous dissoudrons beaucoup plus d'alizarine, puisque l'expérience démontre qu'on peut dissoudre ainsi $\frac{3}{100}$ de ce corps ; nous obtiendrons par refroidissement des cristaux d'alizarine.

C'est la même eau, la même alizarine ; n'est-ce pas alors la chaleur et la pression qui ont opéré la dissolution de cette substance qui, en se refroidissant, a affecté la forme cristalline ? La pression seule eût-elle opéré cette dissolution ? Il a été fait nombre d'expériences à ce sujet qui tendraient à prouver que la pression seule n'eût pas agi. C'est donc à la faveur de cette haute température que l'alizarine a pu être dissoute et prendre ensuite la forme cristalline.

Imprimons de l'alizarine seule, sur du tissu, plions cette étoffe sur elle-même, vaporisons-la sous la pression ordinaire, en ayant bien soin de ne pas l'exposer à un courant de vapeur qui, entraînant l'alizarine, la déplacerait ; nous trouverons, sur la fibre, de l'alizarine, non pas déposée par entraînement, mais qui aura été dissoute, puis précipitée. Cependant, la température n'aura été que de 100°, et nous savons que nous ne pouvons obtenir une dissolution d'alizarine qu'à 200 et quelques degrés ; il nous paraît évident que, si nous avons obtenu de l'alizarine sur le tissu vaporisé, c'est qu'il y a eu dissolution, et pour obtenir cette dissolution, il a fallu autant de calorique que dans l'expérience du tube fermé.

Mais comme la pression n'est guère plus forte que celle de l'atmosphère c'est donc à la chaleur qu'il faut attribuer cette dissolution.

Nous devrions nous étendre davantage sur ce sujet ; mais nous supposons que l'expérience que nous citons, et qui est applicable à la généralité des matières colorantes solubles dans l'eau, paraissant assez concluante, il sera facile d'en trouver d'analogues. Nous ne nous dissimulons pas cependant qu'il faut bien des faits pour confirmer une théorie, et la critique pourra nous objecter que nous généralisons d'après des données trop peu nombreuses.

Nos occupations ne nous ont pas permis de traiter ce sujet plus à fond, mais nous espérons pouvoir sous peu reprendre cette question et démontrer d'une façon convaincante l'action que nous attribuons à la chaleur.

Nous avons pris pour point de départ un fait connu. Comment faut-il en général expliquer la formation des couleurs vapeur chimiques et quel est le facteur générateur ?

D'après ce qui précède, on comprendra que nous admettions, non pas une association, mais le contraire d'une dissociation produite par la chaleur, le calorique latent et l'humidité combinés. Prenons pour exemple le rouge ou le violet d'alizarine. Nous imprimons un sel d'alumine et un sel de chaux (on sait que ces deux bases sont indispensables), notre couleur contient en même temps de l'alizarine. Nous vaporisons; la vapeur humide, dissout l'alizarine et les sels (solubles dans l'eau à la température ordinaire); le sel d'alumine se décompose et laisse l'alumine à l'état naissant; l'alizarine (dissoute à la faveur de l'eau et du calorique latent abandonné par une certaine quantité de vapeur qui a dû se condenser) s'empare de cette base et forme une laque qui peut être soluble au moment du vaporisage, mais qui, en tous cas, devient insoluble par le refroidissement. Que nous fassions une expérience analogue sur un tissu préparé en acide sulfoléique, notre laque d'alizarine se combinera à la matière grasse et formera une laque ternaire transparente.

Prenons un autre exemple, un bleu au ferrocyanure. Comment expliquerons-nous le vaporisage ? La couleur composée d'acide tartrique et de cyanure jaune se décompose par la chaleur, et la vapeur libère de l'acide cyanhydrique et abandonne au tissu du cyanure ferreux.

Ce dernier corps, qui est blanc, a besoin, pour passer au bleu foncé, d'être oxydé par un bain de chrome ou de chlorure de chaux, ou même il suffit de l'exposer à l'air. Ici, nous avons encore la décomposition du ferrocyanure qui n'a lieu que par l'effet de la chaleur et de l'humidité. Divers cas peuvent se présenter, mais ils n'ont pas de rapport avec le vaporisage proprement dit; c'est plutôt une question de dosages et de réactions chimiques provenant des corps mis en présence. L'eau, évidemment, joue un certain rôle, mais nous lui attribuons principalement celui de véhicule dissolvant. Dans l'exemple précité, si l'eau se décomposait et devenait un corps oxydant, le bleu se trouverait naturellement formé sur le tissu;

or, l'expérience prouve le contraire, puisqu'on est toujours obligé de donner, dans ce but, une opération après le vaporisage, à moins d'employer le système de M. Rosenstiehl, où les bleus et les verts sortent de la cuve tout oxydés.

En résumé, d'après nous, ainsi que nous croyons l'avoir expliqué, le vaporisage agit de trois façons différentes et bien distinctes :

1° Comme coagulant ;

2° Comme moyen physique provoquant le dépôt, sur le tissu, de la matière colorante déjà formée, soit par dissolution, soit qu'il n'y en ait pas.

3° Comme moyen chimique donnant lieu, par la chaleur et l'humidité à une ou plusieurs réactions dont l'effet final se traduit par la précipitation d'un corps coloré sur l'étoffe (laque, précipité, sel, etc.).

CHAPITRE III.

I

DES DIVERS APPAREILS EMPLOYÉS POUR VAPORISER.

Les appareils qui servent au vaporisage sont assez nombreux et, de nos jours, les chercheurs se préoccupent beaucoup de ce mode de fixation.

Aussi voyons-nous, depuis quelques années, plusieurs systèmes tout particuliers être préconisés. Il est très-difficile de se prononcer sur la valeur d'engins aussi nouveaux ; et, quel que soit le désir que nous ayons de mettre en relief ceux qui nous paraissent supérieurs, nous nous abstiendrons de porter un jugement qui pourrait être qualifié de téméraire. Nous indiquerons d'une façon aussi claire et aussi concise que possible les particularités des systèmes les plus employés, sans nous arrêter à ceux de date trop récente.

Les divers appareils à vaporiser que nous allons décrire sont les suivants :

1° Le vaporisage au tonneau.

2° Le vaporisage à la colonne.

3°　　—　　à la guérite.

4°　　—　　à la chambre.

5°　　—　　à la cuve.

6°　　—　　à la cuve à couvercle.

7°　　—　　au champagne.

8°　　—　　à haute pression.

9°　　—　　à la cuve, système Richard.

10°　　—　　à la cuve, système Sifferlen.

11°　　—　　à la cuve, système Thom.

12°　　—　　à la cuve, système Cordillot et Mather.

13°　　—　　à la cuve, système Mather perfectionné.

14°　　—　　à la cuve, système Bennett.

15°　　—　　à la cuve, système Rosenstiehl.

16°　　—　　à la cuve à vapeur surchauffée.

17°　　—　　à la boîte.

18°　　—　　à la marmotte.

19°　　—　　pour les laines.

20°　　—　　à la commode.

VAPORISAGE AU TONNEAU.

Ce mode de fixage est le plus simple de tous.

Il consiste à avoir un vase, cylindre ou tonneau, en bois blanc, de $0^m,05$ d'épaisseur, $A\,B\,C\,D$; la partie inférieure est percée circulairement de trous. A $0^m,10$ du fond est placé un contre-fond F en toile; il est destiné à arrêter l'eau qui pourrait être lancée par le tube T et, en même temps, à isoler du corps de l'appareil l'eau condensée.

Le tonneau est fermé par un couvercle en bois *H* sous lequel
on place des draps : on l'assujettit soit à l'aide de clavettes,

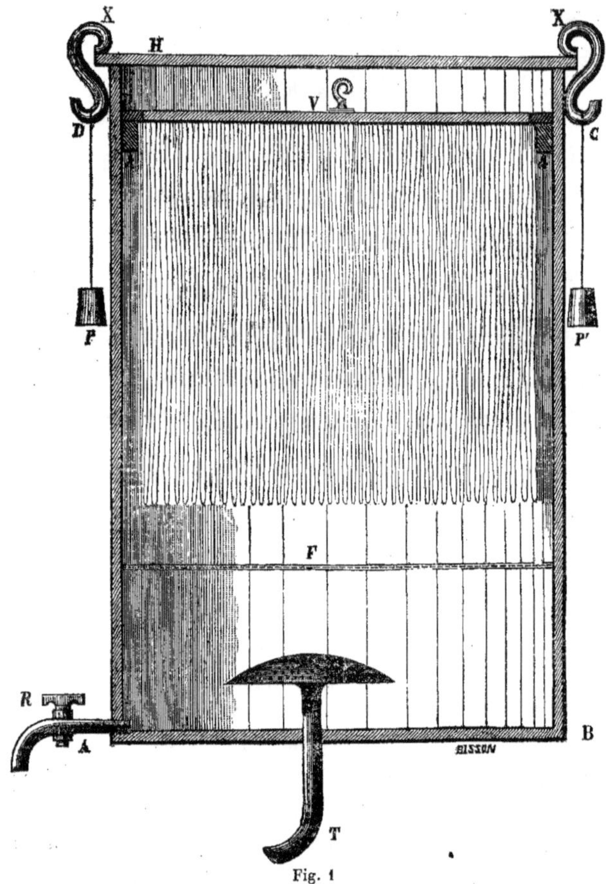

Fig. 1

soit avec des crochets *X* que l'on garnit de cordes avec des
poids *PP'*. Le cadre *V* (fig. 1) repose sur un cercle *a* qui est

à quelques centimètres du bord. On accroche les pièces à la manière ordinaire et on termine par une enveloppe de laine. Ce cadre est garni de picots comme les cadres des cuves ; l'écartement est $0^m,1$. On fixe de 20 à 30 minutes, et il est convenable d'avoir plusieurs cadres de rechange. On place des draps sur la partie supérieure du cadre, afin d'empêcher que les pièces ne se mouillent.

La partie inférieure du tonneau est munie d'un robinet R, pour donner issue à l'eau condensée. Il est bien entendu que la vapeur doit toujours être bien conduite.

On peut mettre les pièces en deux, mais alors il faut les accrocher en double, avec l'endroit en dessus.

VAPORISAGE A LA COLONNE.

La colonne (fig. 2) est formée d'un cylindre A B de $0^m,05$ à $0^m,16$ de diamètre, et a une longueur variable, suivant les étoffes que l'on a à fixer.

Le cylindre A B est ordinairement en cuivre rouge et percé, dans toute sa longueur, de trous disposés circulairement. Le diamètre de ces trous doit être égal et de $0^m,001$; ils sont espacés les uns des autres de $0^m,006$ à $0^m,007$; il y aurait désavantage à les avoir d'un plus grand diamètre et plus écartés.

A la partie inférieure de la colonne est soudée une plaque circulaire $C D$ du diamètre de $0^m,21$ à $0^m,24$; elle est destinée à empêcher de tomber les étoffes placées sur la colonne. Les parties inférieures et supérieures du tube $A B$ sont terminées par deux petits tubes de $0^m,027$ de diamètre. Le tube inférieur entre à frottement dans la douille d'une boîte G, à laquelle on donne la forme d'une sphère et qui, à sa partie inférieure, est

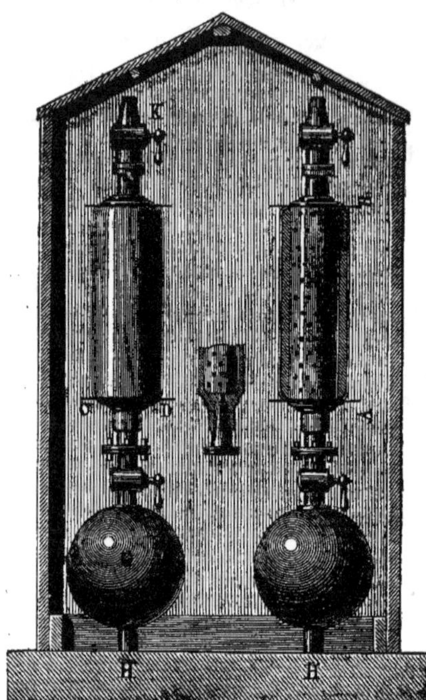

Fig. 2

munie d'un robinet *K;* cette boîte ou bassin est destinée à recevoir l'eau condensée par le fixage et que l'on retire par le robinet *K.* Le petit tube *F* entre à frottement dans le cou de cygne *H*, non indiqué sur la figure, et est fixé au moyen d'une virole à vis qui s'adapte sur le tube *F;* *H* est le tube qui amène la vapeur. La sphère qui est en bas de l'appareil est destinée à recevoir l'eau

entraînée par la vapeur et à l'empêcher de produire des taches sur les pièces à vaporiser.

VAPORISAGE A LA GUÉRITE.

C'est à Thillaye que nous empruntons la description de cet appareil.

Dans ce mode de fixage, dit-il, qui ne laisse pas que de présenter de grands avantages, les pièces sont encadrées.

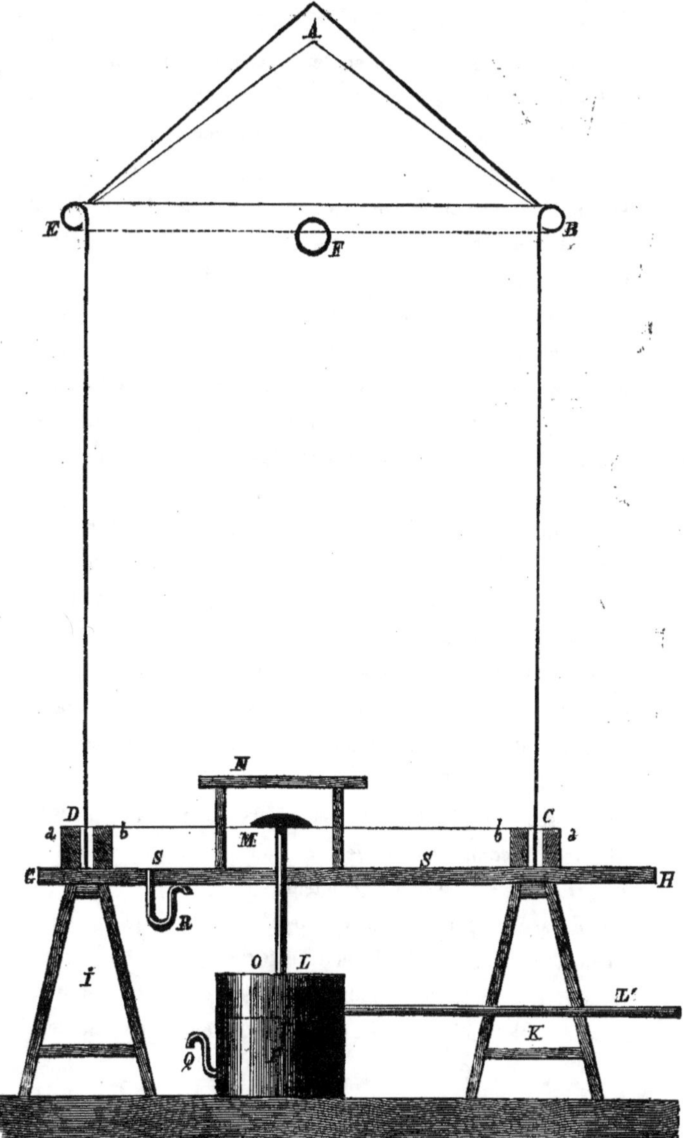

Fig. 3

Nous diviserons l'appareil en deux parties, la boîte à fixer ou guérite, et les cadres. La première partie (fig. 3), est formée d'une caisse en cuivre $A\,B\,C\,D\,E$, ouverte inférieurement, et la partie supérieure est en forme de toit, pour faciliter l'écoulement de l'eau condensée sur la paroi. Les côtés $B\,C\,D\,E$ ont $1^m,46$ de hauteur sur $1^m,96$ de longueur, et $1^m,30$ de largeur. La distance du point A à la ligne $E\,B$ est de $0^m,65$. En F est une douille en cuivre que l'on ferme avec un bouchon. Il en existe une semblable à la partie opposée. On enlève cette espèce de cloche au moyen d'un treuil et de cordes fixées aux quatre angles du toit $E\,B$. Cette cloche repose sur la tablette $G\,H$; cette table a une dimension un peu plus grande que celle de la cloche de $1^m,46$ de largeur sur $2^m,11$ de longueur. Elle est portée par quatre pieds $I\,K$; tout autour de la table sont fixés deux triangles qui forment une rainure $a\,b$, dans laquelle s'engagent les bords de la cloche, et, afin de rendre la clôture plus exacte, on y met des bandes de drap.

Au centre de la table traverse le tuyau de vapeur M, qui est surmonté d'une pomme d'arrosoir percée de trous circulairement, afin de distribuer également la vapeur ; le diamètre du tube est de $0^m,05$.

Au-dessus, on place une planche N fixée sur quatre pieds.

Le tube L communique avec une boîte P, qui porte un siphon Q pour donner issue à l'eau condensée.

A la partie supérieure de la boîte est le tube L qui amène la vapeur. La tablette $G\,H$ est inclinée vers la partie G, à laquelle est adapté un siphon R pour retirer l'eau. La dimension du cadre est telle qu'il se place dans les quatre angles de la table en

SS comme l'indiquent les lignes ponctuées. La seconde partie comprend les cadres *A B C D* (fig. 4), et *E F G H* (fig. 5).

Il est formé par un bâti en bois de 0^m,05 carrés et assemblé à

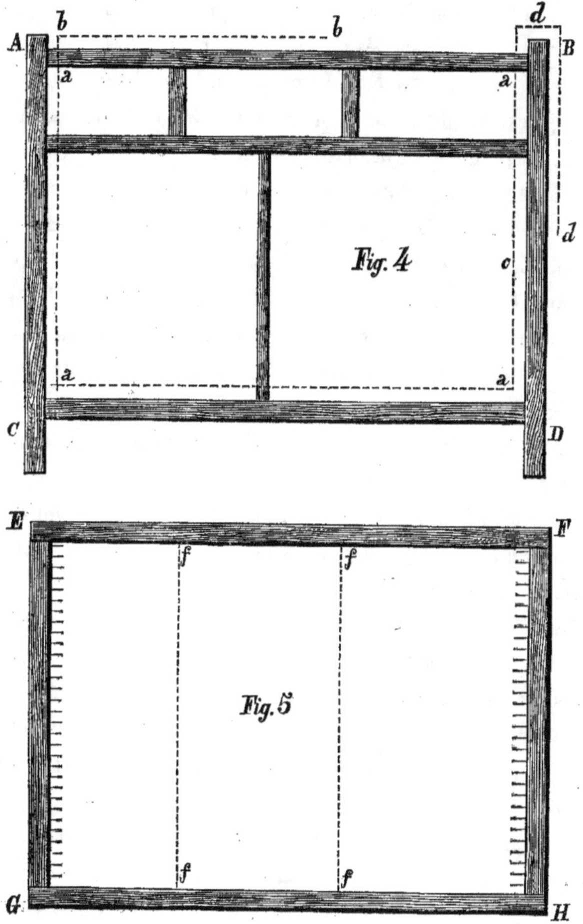

mortaise ; il a 1^m,19 de largeur sur 1^m,84 de long et 1^m,38 de hauteur, et est maintenu par des traverses. Sur les deux côtés de la largeur sont placés deux rangs de crochets en cuivre rouge, ayant une forme cintrée et écartés les uns des autres de 0^m,01 ; ils sont soudés sur une plaque en cuivre qui se fixe sur les montants *E G F H* au moyen de vis. Avant d'attacher les pièces, on prend un morceau de drap de la longueur de 1^m,19, celle du rang des crochets est large de 1^m,30. On laisse pendre en dehors 0^m,97 comme l'indique la ligne ponctuée *d d*, et en dedans 0^m,32 comme la ligne *c*, les crochets traversent le drap. On en adapte un semblable à l'autre partie. Ce drap est destiné à recouvrir les étoffes placées sur les crochets, la ligne *b b* donne sa position, et pour les maintenir droits on attache les ficelles *ff, ff*, sur lesquelles ils reposent. On attache les pièces en zigzags d'un crochet à l'autre. Quand le cadre est rempli, on place le sac en drap ; il a la même forme que le cadre, celle d'un parallélipipède.

On attache un des bords au premier crochet en passant entre le drap *b b*, puis l'on revient attacher au dernier crochet du même côté en le tendant.

On procède de même pour l'autre côté ; alors toutes les pièces sont renfermées dans le sac ; on attache les ficelles *ff, ff*, et l'on recouvre avec les deux portions de draps de 0^m,97 *d d b b* ; de cette manière, les pièces sont totalement renfermées. On place en dessus encore un morceau de drap pour éviter que l'eau ne les mouille. Pour maintenir le fond du sac, on forme avec des cordes une espèce de filet attaché sur la dernière traverse. Si l'on cadre des châles, on les attache avec des épingles, et s'ils sont trop larges on les double en ayant le soin de mettre envers contre envers et les franges en haut. Ceci terminé, on place le cadre sur la table, on abaisse la cloche et l'on fait arriver la vapeur pendant 35 à 45 minutes, suivant le besoin. Dans les premiers moments, on ouvre la douille F que l'on ferme lorsque la vapeur s'échappe. On retire le cadre ; on détache le sac et on enlève les draps, puis on retire les étoffes que l'on évente. On doit toujours, pour le service, avoir trois cadres et six sacs, afin de ne pas apporter de retard dans les opérations.

VAPORISAGE A LA CHAMBRE.

C'est en Angleterre que ce mode de fixage a pris naissance.

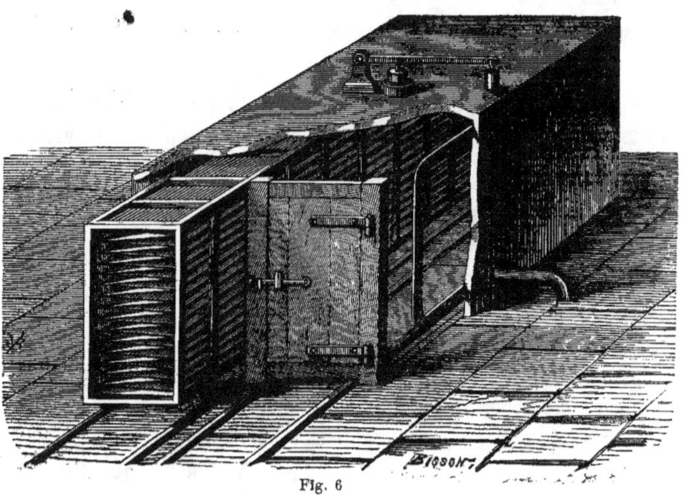

Fig. 6

Pour s'en faire une idée, il faut se représenter une chambre (fig. 6) d'environ 4 mètres de long sur 3 mètres de large, dont l'un des côtés s'ouvre à deux battants pour donner entrée aux cadres sur lesquels sont agrafées les pièces, et qui s'avance jusque dans l'intérieur au moyen de roulettes sur deux rails en fer.

En construisant cet appareil, on a parfaitement compris la nécessité de répartir uniformément la vapeur, aussi n'y arrive-t-elle pas par un point unique, mais par deux tubes fermés à leurs extrémités et percés de petits trous sur toute leur surface. Quant aux cadres, ils sont d'une construction telle qu'ils occupent et remplissent l'espace libre dans l'intérieur de la chambre; on y agrafe les pièces par les lisières à l'aide de crochets fixés aux traverses, de manière à y accumuler la plus grande quantité d'étoffe. Dans une chambre de la dimension de celle dont nous donnons ici la figure, on peut introduire jusqu'à 600 mètres de toile à la fois.

Comme l'espace dans lequel on opère est assez vaste, et que, par conséquent, il peut y avoir condensation de vapeur, on recouvre le cadre d'une chemise en drap qui empêche l'eau de condensation d'atteindre les pièces.

VAPORISAGE A LA CUVE.

Ce mode est un des plus répandus, et ce système a donné lieu à un grand nombre de modifications.

Le vaporisage à la cuve est assurément le plus employé pour le coton en Alsace et en Normandie. Nous empruntons la description d'un appareil de ce genre au *Rapport sur les Industries chimiques,* par M. P. Dosne (p. 84).

La cuve à vaporiser se compose, dit-il, d'une grande caisse

rectangulaire en bois, en fer ou en briques cimentées, mais dans tous les cas parfaitement étanche et au fond de laquelle se trouvent des tuyaux percés donnant accès à la vapeur; elle a généralement 2 ou 3 mètres de longueur, sur autant de profondeur, et 1 mètre à 1ᵐ,50 de largeur; les parois intérieures sont garnies de grosses toiles et pour que l'eau entraînée par la vapeur n'aille pas se déposer sur les pièces imprimées, elle est encore pourvue d'un double fond de toile ou de laine grossière qui tamise la vapeur. Les pièces sont enroulées avec un doublier pour éviter les rapplicages et suspendues ensuite sur un petit rouleau traversé par un axe en fer que l'on fait reposer de chaque côté de la cuve (fig. 7).

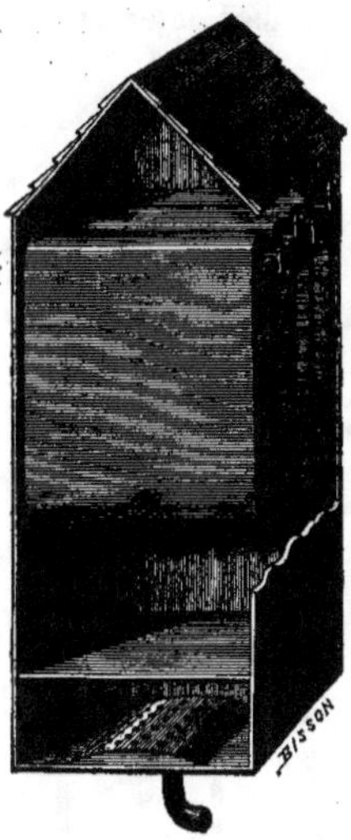

On appelle un tel rouleau garni de pièces une bobine. On en dispose ainsi une douzaine dans la cuve ; pour que la vapeur agisse également sur une même pièce, on change fréquemment celle-ci de position.

Fig. 7

Pour cela chacun des axes de fer porte à l'une des extrémités, sur une partie quadrangulaire, une petite roue dentée qui s'engrène avec celle de l'axe voisin, de sorte qu'au moyen de cette série d'engrenages on peut, en donnant le mouvement à l'une d'elles, au moyen d'une manivelle placée à l'extérieur, faire mouvoir ensemble toutes ces pièces sur leurs axes de suspension.

La cuve étant chargée, on la recouvre soit d'un drap de

laîne seulement, soit avec lui d'un couvercle de bois, ou d'une
hotte qui permet aux vapeurs de s'échapper au dehors de
l'atelier.

Dans certains établissements de Mulhouse, elle est recouverte
d'un tablier de grosse laine étendu sur un cadre de fer s'appliquant exactement sur les bords bien plans de la cuve. On fixe
bien ce cadre avec des pinces. L'appareil étant clos exactement,
on y introduit de la vapeur; aussitôt la pression intérieure agit

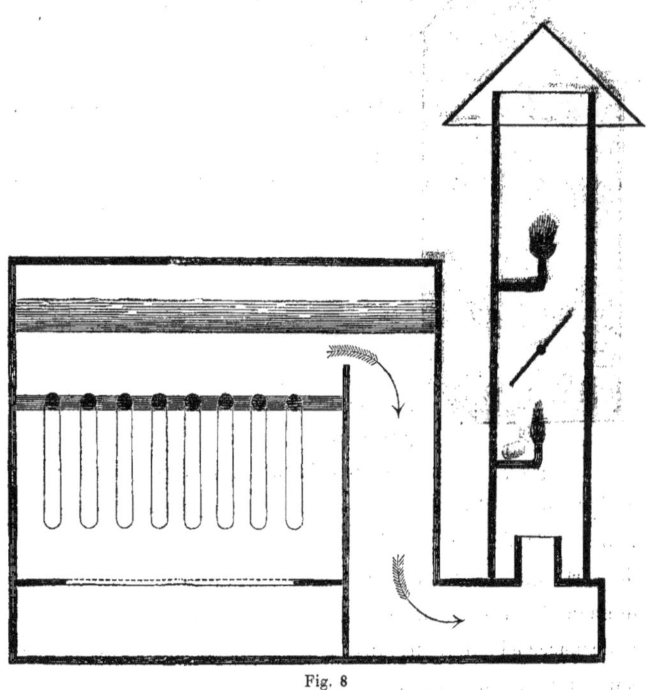

Fig. 8

sur l'étoffe imperméable de laine et rend la surface d'autant plus convexe que cette pression est plus forte. Un tube partant de la cuve communique à un manomètre à eau muni de repères qui indiquent à quelle hauteur d'eau doivent correspondre les pressions nécessaires suivant les genres.

Dans les pays où la vapeur d'eau se condense facilement, on donne encore une autre disposition à l'appareil.

La cuve est couverte d'un couvercle, et à ce couvercle s'adapte un tuyau de cheminée qui amène au dehors la vapeur alors qu'elle a agi. Pour faciliter le tirage de la cheminée, on y introduit un ou plusieurs becs de gaz, et on a ainsi des ateliers absolument privés de vapeurs (fig. 8). Pour obtenir une fermeture complète, on pourrait appliquer la fermeture hydraulique dans les cuves où la pression est faible. Dans les cuves où la pression est plus forte il faudrait évidemment employer un li-

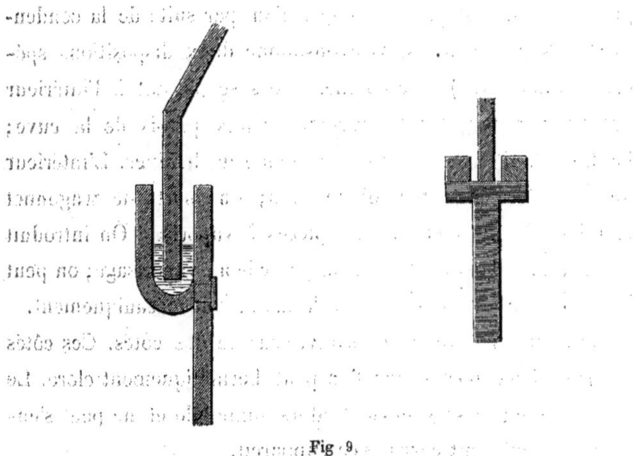

Fig. 9.

quide plus dense. Il s'agirait donc de composer un liquide plus dense et qui soit sans action sur le fer ; on garnirait le couvercle d'un rebord *A* descendant dans un réservoir *R* métallique adapté sur les bords de la cuve; le réservoir devrait avoir une certaine profondeur pour ne pas laisser échapper le liquide pressé par la vapeur. Il est évident que cette fermeture ne pourrait être appliquée que dans les cas d'une pression très-faible.

VAPORISAGE A LA CUVE A COUVERCLE A VAPEUR.

Cette cuve, dont nous donnons des dessins très-détaillés, n'est autre que la cuve ordinaire à laquelle on adapte un couvercle métallique pouvant se chauffer par la vapeur. On peut, au moyen de dispositions particulières, donner de la pression. Le but du couvercle chauffé est d'éviter toute tache qui peut se produire pendant ou après l'opération par suite de la condensation de la vapeur. Nous avons donc deux dispositions spéciales, l'une (pl. I) avec bobines fixées se plaçant à l'intérieur de l'appareil sur des supports fixés aux parois de la cuve; l'autre (pl. II) avec un système mobile de bobines. L'intérieur de cette dernière est muni de rails; une sorte de wagonnet reçoit les bobines garnies des pièces à vaporiser. On introduit le wagonnet dans la cuve et on procède au vaporisage; on peut faire tourner les bobines soit à la main, soit mécaniquement.

Cette cuve naturellement s'ouvre sur un des côtés. Ces côtés forment deux portes que l'on peut hermétiquement clore. Le couvercle du dessus devient alors immobile et ne peut s'enlever puisqu'il fait corps avec l'appareil.

Suivant les pressions auxquelles on opère on met un simple reniflard à double effet, c'est-à-dire faisant fonction de sou-

pape et de reniflard, ou quand on doit aller à quelques atmosphères on met une soupape de sûreté munie de poids appropriés
à la pression employée.

Les pl. III et IV donnent tous les détails de ces appareils,
que la seule inspection des dessins fera mieux comprendre que
des explications qui nous paraissent superflues.

Nous sommes redevables de ces divers dessins à MM. Tulpin
frères, ingénieurs-constructeurs à Rouen, qui ont bien voulu
nous autoriser à les publier et auxquels nous adressons ici, à
ce sujet, nos bien sincères remercîments.

Le deuxième système de cuve avec vagonnet peut encore
être modifiée ; nous parlerons de ce perfectionnement en décrivant le vaporisage à la cuve, système Richard.

VAPORISAGE AU CHAMPAGNE.

Cette cuve ne diffère des autres qu'en ce que, dans ce système,
les pièces sont suspendues à des crochets comme les pièces que

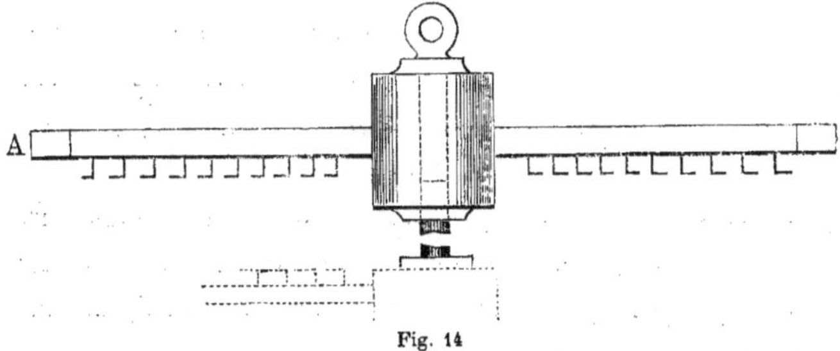

Fig. 14

l'on teint en indigo, les cadres sont du reste identiquement les
mêmes. Un de ces cadres se compose d'un noyau central auquel

sont fixées six ou huit branches formant rayon; chacun de ces rayons est garni, suivant sa grandeur, de crochets métalliques, généralement en cuivre étamé, qui sont placés de telle façon qu'en les rejoignant entre eux, par une ligne partant du centre pour aboutir à la circonférence, cette ligne formera une spirale. Un cadre ainsi garni se suspend dans une cuve soit ronde soit carrée.

Quelquefois on n'emploie que la partie A et on laisse pendre la pièce. D'autres fois, on se sert du cadre champagne servant à teindre en indigo; alors on tend légèrement la pièce.

Le grand avantage de ce système est d'éviter absolument le

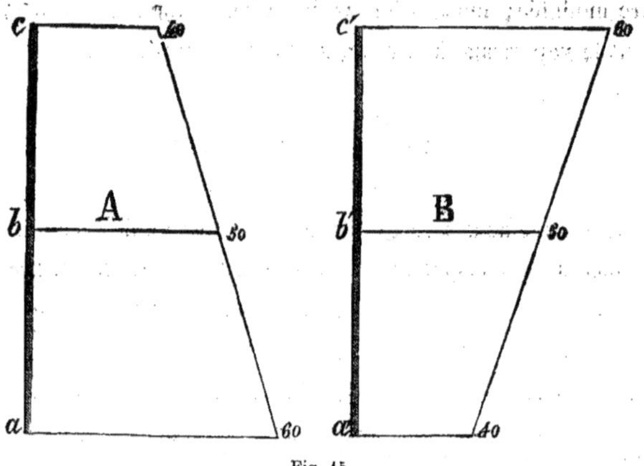

Fig. 15

rapplicage et de laisser pénétrer la vapeur dans toutes les parties de la pièce. Il peut cependant arriver que le bas du cadre devienne plus humide que le haut et qu'il y ait une différence dans la fixation. On remédie à cet inconvénient en fixant une deuxième fois après avoir retourné la pièce et accroché la lisière inférieure dans le haut.

Supposons que dans la première opération la pièce ait été fixée dans la proportion suivante : que le point c ait été fixé à 40 %, b à 50 %, a à 60 %, l'intensité de la fixation étant représentée par 100, en retournant la pièce le point a deviendra c', $b = b'$, et $c = a'$; ces divers points, dans la deuxième opération, seront fixés dans les mêmes conditions que c b et a, et nous aurons alors $a + a'$ ou $60 + 40 = b + b' = 50 + 50 = c + c' = 40 + 60 = 100$ dans les trois cas.

Le vaporisage au champagne n'est que peu employé pour le coton; il est spécialement employé pour la laine et les gros tissus qui ont de la difficulté à être pénétrés par la vapeur. Il est aussi employé dans le cas où les couleurs rappliquent facilement.

Un autre système de ce genre est celui inventé par M. Sifferlen, système dont nous donnons la description plus loin.

VAPORISAGE A HAUTE PRESSION.

Cet appareil se compose d'une chaudière cylindrique (pl. V) de $3^m,40$ de long et de $2^m,25$ de diamètre. Cette chaudière, d'une épaisseur convenable pour supporter 3 à 4 atmosphères effectives, est munie, dans le fond, d'un tuyau avec son robinet par où on fait entrer la vapeur; au-dessus de ce tuyau se trouve un faux fond en lattes sur lequel on met des copeaux destinés à empêcher l'entraînement des gouttes d'eau par la vapeur. Sur le côté et au fond se trouve un tuyau destiné à laisser écouler l'eau de condensation, que l'on peut recueillir dans une bâche placée à côté de la chaudière. Au fond de la chaudière sont fixés deux rails sur lesquels se place le cadre à roulettes. Ce cadre peut supporter 12, 15, 18 bobines, suivant la grandeur de l'appareil. Celui dont nous donnons le dessin contient 15 bobines, ainsi que le montre la coupe de droite ; sur le devant de la chaudière se trouvent deux portes parfaitement ajustées et munies d'une garniture en caoutchouc pour établir un joint complet.

Le même appareil a son manomètre, sa soupape de sûreté et un reniflard, qui est indispensable, car, après l'opération, si on laissait refroidir l'appareil sans qu'il y ait entrée d'air, la pression extérieure réagissant sur les portes, celles-ci ne pourraient être ouvertes que très-difficilement.

Cet appareil ne peut servir que dans des cas spéciaux ; il convient surtout pour les couleurs ne dégageant pas d'acide ; il sert principalement au vaporisage des moleskines.

VAPORISAGE A LA CUVE, SYSTÈME RICHARD.

Cet appareil n'est qu'une modification très-importante de la cuve ordinaire ; la particularité de ce nouveau système consiste dans le mode d'enroulement des pièces qui, au lieu d'être pliées en sacs de $1^m,60$ de long environ (suivant la hauteur de la cuve), sont enroulées mécaniquement autour d'un cylindre en feuilles de cuivre de $0^m,005$ d'épaisseur, et percées de trous de telle façon que le rouleau portant une pièce de 80 mètres avec son doublier ne mesure que $0^m,30$ de diamètre, y compris le vide de $0^m,12$ que laisse le cylindre de cuivre percés de trous.

Ceci permet, dit M. Richard, auquel nous empruntons ce qui suit, de fixer vingt-cinq pièces en rouleaux dans une cuve où neuf pièces en sacs trouvaient difficilement place, c'est-à-dire près de trois fois plus de marchandise ; de plus, l'obligation de tourner les poches dans la vapeur se trouve en même temps supprimée.

Voici maintenant quelques détails sur les dispositions de la cuve et la manière d'opérer : La cuve a $2^m,35$ de hauteur au-dessus de la toile du fond ; sa longueur est de $2^m,20$ et sa largeur de $1^m,50$. Des coulisses verticales sont disposées des deux

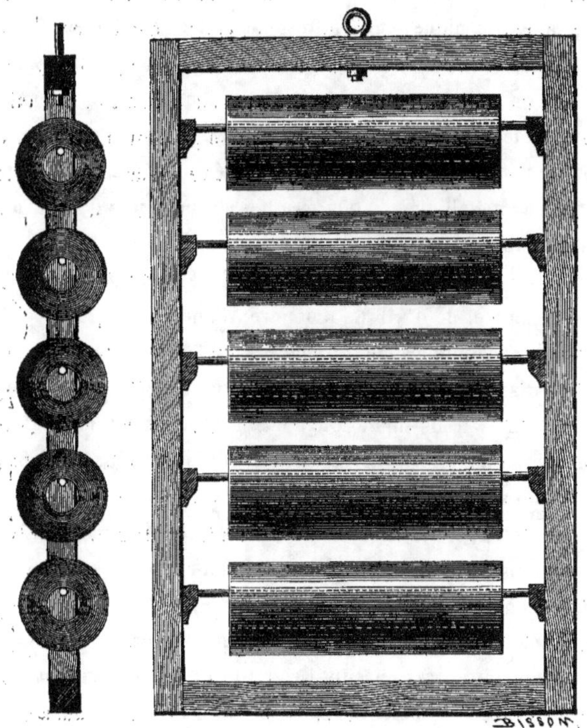

Fig, 17

côtés sur la longueur, de façon à permettre d'y faire glisser cinq cadres également verticaux qui se lèvent ou s'abaissent au moyen d'un palan. Chacun de ces cadres porte cinq paires de coussinets superposés. Les pièces, ainsi que nous l'avons dit, sont enroulées mécaniquement, en même temps que leurs doubliers, sur des boîtes cylindriques de $0^m,12$ de diamètre, formées de deux tours de toile métallique à mailles peu serrées (de $0^m,008$ d'écartement environ). Le mandrin de l'enrouloir, qui doit être légèrement conique, entre à frottement dans ces boîtes.

Dès le principe, M. Richard se servait pour garnir ses bobines, de toile métallique, soit de fer étamé, soit de fer galvanisé; mais, l'usure rapide à laquelle donnait lieu la vapeur a fait rejeter l'emploi de ces toiles qui ont été remplacées par de vrais cylindres métalliques. Voici en quoi consiste une de ces nouvelles bobines :

On prend un cylindre en tôle de cuivre de $0^m,0015$ à $0^m,0020$ d'épaisseur et de $0^m,13$ de diamètre, d'une longueur de $1^m,03$ à $1^m,05$, un tel cylindre pèse à peu près $5^k,500$ *terminé*. On y perce à une distance de $0^m,045$ $^1/_2$ des trous de $0^m,006$ de diamètre, il faut donc 64 trous sur la longueur et 27 sur la circonférence, ce qui donne un total de 1,728 trous, le diamètre de $0^m,006$ est plus que suffisant pour laisser agir la vapeur.

Pour charger la cuve, on passe une tige de fer entourée de laine dans le cylindre métallique, autour duquel se trouve la pièce, et on fait reposer les deux extrémités de cette tige sur les coussinets fixés aux cadres verticaux que l'on garnit successivement de cinq pièces chacun. Les rouleaux se trouvent ainsi suspendus excentriquement dans la caisse. On facilite la manœuvre du chargement et du déchargement des cadres en les soulevant au fur et à mesure à l'aide du palan (voir *Bulletin de la Société industrielle de Rouen*, année 1874, p. 93 et suiv.).

Ce système est applicable à toutes les cuves à bobines ; mais c'est à la cuve à wagonnets de MM. Tulpin qu'il s'adapte le mieux. Cette dernière est munie de rails sur lesquels on fait circuler un wagon. Au lieu de ne mettre que 4 ou 6 montants pour supporter les boîtes ou bobines du haut, on en met autant qu'il y a de ces boîtes, et chacun de ces montants est percé d'autant de trous qu'il y a de bobines à placer, c'est-à-dire que si la hauteur permet de placer 3 ou 4 bobines, on perce sur le montant 3 ou 4 trous dans chacun desquels sera engagé une boîte. Le wagonnet chargé est poussé dans la cuve et on évite ainsi l'usage du palan.

VAPORISAGE A LA CUVE, SYSTÈME SIFFERLEN.

En décrivant le vaporisage au champagne, nous avons cité comme se rapprochant de ce système celui dû à M. Sifferlen.

La planche VI représente une coupe de la cuve à vaporiser dans le sens de la largeur ; cette cuve n'a rien de particulier.

Voici en quoi consiste cet appareil :

A   Couvercle à double fond chauffé à la vapeur et permettant d'éviter la condensation.

B B   Tuyaux pour la sortie de la vapeur.

C   Cadre sur lequel sont accrochées les pièces. Ce cadre, reposant sur un chariot, se voit (fig. 1) dans l'intérieur de la cuve.

D   Système de levier articulé permettant de décrocher toutes les pièces par un seul mouvement.

E Entrée de la vapeur.

La cuve est fermée par une porte à deux battants.

Dans la figure 2 nous voyons le chariot dans le sens de sa longueur.

A Anneaux porte-crochets en cuivre jaune.

B Tuyau sur lequel sont montés les anneaux.

C et *C'* Robinets d'entrée et de sortie de la vapeur servant à chauffer les tuyaux *B* qui, à leur tour, chauffent les anneaux *A*, afin d'éviter les taches résultant de la condensation de la vapeur sur le métal froid.

Dans la figure 3, le chariot est vu d'en haut.

La figure 4 représente en grandeur naturelle :

T Tuyau avec une saillie placée dans le bas.

Cette saillie est destinée à empêcher l'anneau de tourner sur le tuyau.

Z Anneau-crochet s'adaptant sur le tuyau *T* et auquel se suspend la pièce.

Voici maintenant comment fonctionne l'appareil : on accroche les pièces pli par pli aux anneaux-crochets, mobiles sur le tuyau. Il y en a 276 ; l'écartement étant de $1^m,37$, on peut y mettre 14 pièces de 50 mètres. On entoure alors le chariot d'une toile d'emballage et on recouvre le tout d'un drap ; on place sur les supports *S S* (fig. 2) un cadre en bois recouvert également de toile d'emballage destinée à distribuer la vapeur plus également sur les pièces accrochées au-dessus.

Le chariot ainsi préparé, on y adapte un petit tuyau de vapeur, et au moyen des robinets on fait évacuer l'eau condensée et la vapeur en excès. Le chauffage des anneaux se fait en quatre ou cinq minutes ; on roule alors le chariot dans la cuve et on vaporise pendant le temps nécessaire ; l'opération terminée, on sort le chariot, et il suffit de déclancher le levier D pour que toutes les pièces soient décrochées.

Cet appareil, comme construction, a beaucoup d'analogie avec le rectomètre employé dans le pliage des indiennes ; outre l'avantage d'éviter les taches provenant de la condensation, il économise une certaine quantité de main-d'œuvre et a surtout l'avantage de ne pas exiger de doubliers ; il a quelque analogie avec le vaporisage dit à la chambre.

Le but principal qu'a cherché M. Sifferlen dans cet appareil est de :

1° Supprimer les doubliers et autres accessoires qu'on emploie pour le vaporisage ordinaire en suspendant les pièces pli par pli à des pointes écartées pour laisser un espace entre chaque pli ;

2° Eviter la condensation sur le métal en contact avec les pièces, et à cet effet, chauffer les porte-pointes par un tuyau pouvant recevoir de la vapeur ;

3° Eviter les taches d'eau du haut de la cuve par un couvercle à double fond chauffé à la vapeur ;

4° Enfin, éviter les pertes de temps résultant du décrochage de la marchandise vaporisée en décrochant les pièces instantanément.

Pour plus de détails concernant cet appareil, consulter le *Bulletin de la Société industrielle de Mulhouse*, année 1877, pages 551, 552, 554.

VAPORISAGE A LA CUVE, SYSTÈME THOM.

Breveté en Angleterre, le 9 décembre 1874, n° 4,236, ce système, que l'inventeur appelle système à l'étuve, consiste à faire cheminer le tissu de bas en haut dans une étuve dans laquelle sont installés des tuyaux qui distribuent la vapeur à la température nécessaire (100° et au-dessus) pour réagir sur les mordants dans l'espace de quelques minutes.

Des dispositions spéciales sont prises pour extraire les gaz qui se produisent, et pour éviter que la vapeur condensée ne retombe en gouttelettes sur le tissu qui, porté sur un certain nombre de rouleaux, entre et sort par une même ouverture présentant deux espèces de lèvres chauffées, de telle sorte que ce tissu ne se trouve en contact qu'avec des surfaces chauffées parfaitement sèches.

La planche VII représente en élévation cet appareil en section longitudinale.

La figure 1 en est une section transversale faite suivant la ligne 1-2 et vue du côté de l'entrée du tissu.

Enfin, les figures 2 et 3 représentent en détail, à une échelle agrandie suivant deux sections perpendiculaires l'une à l'autre, la boîte à vapeur formant les lèvres de l'ouverture qui livre passage au tissu pour son entrée et sa sortie de l'étuve.

On voit par ces figures que l'étuve proprement dite est une chambre en briques de grandes dimensions, dont le plafond est voûté et le plancher incliné pour permettre à l'eau de condensation de s'écouler aisément en glissant le long des parois au dehors.

Deux ouvertures *A'*, fermées par des portes en bois, permettent aux ouvriers de pénétrer à l'intérieur de cette chambre si cela est nécessaire entre les opérations ; l'une se trouve au niveau du sol et l'autre à la hauteur des deux petites planches *a* supportées par des équerres percées dans la muraille.

A la partie supérieure de l'extrémité d'avant, près de la voûte et dans son épaisseur, est ménagé un carneau à deux branches débouchant dans la cheminée *B* et pourvues chacune d'un registre *b'* destiné à régler les ouvertures, et par suite le départ des vapeurs et du gaz engendrés pendant l'opération.

A l'intérieur de cette chambre, supportés par des barrettes longitudinales scellées dans les murs latéraux, sont disposées, haut et bas, deux rangées de rouleaux *c* et autour desquels passe le tissu imprimé qu'il s'agit de soumettre à l'action de la vapeur.

Entre la rangée supérieure et la voûte règne, sur toute la longueur, un faux plafond *C*, composé de deux parois métalliques distancées l'une de l'autre et fermées sur les côtés de façon à former un conduit creux dans lequel de la vapeur est introduite.

Ce faux plafond ainsi échauffé, la vapeur ne s'y condense pas, et on est alors assuré que les gouttes d'eau qui se forment sur la voûte ne peuvent tomber sur le tissu.

L'ouverture unique par laquelle le tissu pénètre dans la chambre et en sort, est pratiquée dans le mur d'avant et est pourvue de la boîte à vapeur dont les dispositions se reconnaissent à l'examen des figures de détail (fig. 2 et 3).

Cette boîte en fonte *E* est percée à ses extrémités pour recevoir les conduits coudés *c'* qui établissent une communication avec le tube F fondu avec trois tubulures f, lesquelles reçoivent les brides des trois tuyaux G, qui, descendant à l'intérieur du mur, s'étendent horizontalement au-dessous de la rangée inférieure des rouleaux d.

La vapeur arrive du générateur par le tuyau T et se rend dans la boîte E par un raccord à bride e (fig. 3), ménagé à cet effet sur l'un des conduits coudés e ; elle peut ainsi circuler librement dans la boîte, dans le tube horizontal F, et de celui-ci dans les tuyaux G, qui sont ouverts à leur extrémité pour permettre à cette vapeur de se répandre à l'intérieur de l'étuve.

Il en est de même de la vapeur qui chauffe le faux plafond c ; elle arrive dans ce dernier par le tuyau T (fig. 4) greffé sur le tuyau T, et en sort à son extrémité par les trois tuyaux H, descendant le long des parois du mur d'arrière pour déboucher près du plancher et laisser la vapeur s'échapper dans la chambre, au même endroit que les tuyaux G.

On remarquera que ces tuyaux H et G sont placés de manière à entourer le tissu, c'est-à-dire à l'empêcher, dans le cas où il ne serait pas bien tendu sur les rouleaux, de se trouver en contact avec les murs extrêmes et le plancher, c'est-à-dire avec des surfaces que la vapeur condensée rend humides.

La pièce de tissu imprimée X que l'on veut soumettre à l'action de la vapeur est placée sur le plancher P, et l'un des bouts est dirigé sur les rouleaux guides i, puis engagé sous le rouleau j placé devant la boîte à vapeur E, pour pénétrer dans l'étuve ; à l'intérieur de celle-ci, le tissu passe sous le rouleau k pour monter et s'étendre horizontalement sur les quatre rouleaux l ; du dernier de ces rouleaux, il descend pour passer sous le premier rouleau inférieur d, d'où il remonte sur le premier rouleau supérieur c, pour redescendre ensuite et remonter alternativement toute la rangée de rouleaux jusqu'à ce qu'il ait atteint le côté du départ; là il trouve le rouleau k qui le dirige par l'ouverture d'entrée sur le tube f; il sort alors de la chambre et, par les rouleaux j et m, est conduit à l'appareil plieur M.

Il est bon que cet appareil et tous les rouleaux reçoivent la commande d'un moteur spécial, comme on le voit encore sur la planche IX, afin de pouvoir aisément régler la vitesse de circulation suivant la nature et la qualité des tissus imprimés sur lesquels on agit.

Dans tous les cas, comme on voit, cette étuve est disposée d'une manière telle, que les tissus peuvent circuler d'une façon continue sans l'aide du surveillant à l'intérieur, ce qui permet de conserver la température au degré convenable pour effectuer le fixage plus rapidement et plus efficacement qu'autrefois.

VAPORISAGE A LA CUVE, SYSTÈME CORDILLOT ET MATHER.

Pour atteindre les mêmes résultats que ceux dont nous venons de parler, voici une autre disposition d'étuve représentée en section longitudinale (pl. VIII).

La chambre en brique $Z\,Z$ qui constitue l'étuve diffère peu de la précédente, si ce n'est cependant son plafond en brique qui reçoit directement la boîte métallique B, épousant sa forme arrondie et dans laquelle se rend la vapeur distribuée par le tuyau A.

De cette boîte, la vapeur descend par six tubes A' dans un tuyau *H* qui, placé horizontalement au milieu et près des caniveaux du plancher, est percé de trous pour laisser échapper la vapeur de façon à ce qu'elle puisse se distribuer également dans l'étuve.

Les extrémités de cette chambre sont percées dans le bas d'ouvertures rectangulaires qui se ferment par des portes étanches *E F* se rabattant à charnières pour livrer passage aux wagonnets *D*, destinés à recevoir les tissus soumis à l'action de la vapeur.

Une autre ouverture est aussi pratiquée vers la partie supérieure du mur de face pour l'entrée du tissu *T* qui, dirigé par le rouleau *V V*, passe entre les deux tubes creux chauffés par la vapeur arrivant par le conduit *X*.

Une fois entré dans la chambre, le tissu passe autour des cinq tambours en métal *C* chauffés à la vapeur, pour redescendre dans le wagonnet, qui se trouve placé directement au-dessous du dernier tambour.

Les axes de ces tambours *C* traversent les murs pour porter en dehors de petites poulies qui reçoivent la commande d'un moteur quelconque par le renvoi de mouvement.

Les wagonnets reposent sur des rails *G* régnant sur toute la longueur de la chambre, et sont pourvus à leurs extrémités de mentonnets à charnières qui, lorsque l'on ouvre les portes, se rabattent avec elles pour former des plans inclinés et présentent ainsi aux roues un passage facile pour l'entrée et la sortie de ces wagonnets; dans le dernier cas, une fois déchargés du tissu qu'ils contenaient, on les ramène du côté de l'entrée en les faisant rouler sur une voie ferrée G^2 placée en dehors parallèlement à la chambre.

L'ouverture et la fermeture des portes *F E* s'effectuent à l'aide d'un mécanisme à engrenage commandé à la main par un volant-manivelle qui, permettant d'agir lentement, n'exige pas un grand effort de la part de l'ouvrier chargé de ce service.

Au-dessus des portes (pour enlever les vapeurs qui se dégagent lorsqu'elles sont ouvertes) est installée de chaque côté une toiture saillante *Y* placée au-dessus d'une ouverture *K* qui donne accès dans une cheminée d'appel.

Comme pour fixer certaines couleurs il est nécessaire de faire usage de vapeur très-humide, le tuyau d'alimentation *A* plonge dans un récipient contenant de l'eau à travers laquelle passe la vapeur pour se rendre par le tuyau *A'* et la conduit à la boîte *B*, qui forme le plafond de la chambre et d'où la vapeur est distribuée, comme il a été dit, par le tube dans le tuyau perforé *H*.

Au début d'une opération la porte gauche est fermée, et après avoir introduit les wagonnets par l'ouverture de droite, on ferme également la porte de ce côté, puis on fait arriver la vapeur pour chauffer l'étuve au degré voulu.

Le tissu est alors engagé sur les rouleaux, circule dans la chambre, et va se déposer dans celui des wagonnets qui se trouve au-dessous du tambour délivreur, comme on le voit en *O* et *D''''*.

Le wagonnet plein, on ouvre les deux portes *E*, et repoussant celui de droite en introduisant un wagonnet vide, on oblige celui de gauche à sortir.

En procédant ainsi, les quatre premiers wagonnets sortent chacun à leur tour à vide, mais échauffés dans l'étuve, et ils sont ramenés par la voie ferrée latérale vers l'entrée pour être introduits à nouveau et recevoir leur chargement.

On fait de même pour les wagonnets pleins, de sorte que les tissus imprégnés de vapeur, en circulant dépliés, restent encore soumis à son action tout le temps que les wagonnets séjournent dans l'étuve.

Il y a aussi une ouverture *J* pratiquée dans un des murs latéraux, vis-à-vis le wagonnet en chargement, qui permet au surveillant de suivre les diverses phases de l'opération.

Légende explicative de la planche VIII.

A	Réservoir de la vapeur qui est à distribuer.
B	Boîte métallique ayant la forme du plafond en briques.
C.	Chambre à vaporiser.
C. C. C. C.	Tambours chauffés par la vapeur et sur lesquels passe le tissu venant des machines à imprimer en *M*.
D	Wagonnets destinés à recevoir le tissu.
E	Porte figurée fermée.
F	D° figurée ouverte.
G	Rails sur lesquels circulent les wagonnets.
H	Tuyau de vapeur percé de trous destinés à donner une grande dispersion à la vapeur.
I	Tuyau pour faire écouler l'eau de condensation de la vapeur.
J	Fenêtre pratiquée sur un des côtés de la chambre et permettant de surveiller la marche de l'opération.

K	Cheminées d'appel destinées à enlever l'excès de vapeur de la chambre *C*.
L	Wagonnet plein de marchandise vaporisée.
M	Tissu destiné au vaporisage.
N	Tissu en marche pour le vaporisage.
O	Tissu vaporisé et se déposant dans les wagons *D''''*.
P	Tissu vaporisé une seule fois, c'est-à-dire n'exigeant pas plus de quelques minutes de vapeur, et par suite sortant immédiatement de la chambre à oxyder.
Y	Cheminées d'appel laissant passer l'excès de vapeur.
Z Z	Mur de la chambre à oxyder.

Dans le dernier chapitre, nous aurons occasion de revenir sur des essais de vaporisage continu exécutés par M. Hubner, il y a déjà un certain nombre d'années : nous croyons, sans cependant pouvoir l'affirmer, que ce fut en 1868.

Cet appareil a été breveté en Angleterre, le 9 février 1875, n° 479.

VAPORISAGE A LA CUVE, SYSTÈME MATHER PERFECTIONNÉ.

Ce système n'est en somme qu'une modification du système Cordillot et Mather. La pl. IX donnera une idée très-claire de l'appareil.

Le perfectionnement consiste principalement dans la suppression des wagonnets et dans l'addition d'une certaine quantité de rouleaux, de sorte que la pièce n'est pas exposée aux rappli-

çages comme dans le système primitif. Nous ne pouvons faire autrement que de comparer ce mécanisme à celui dit de l'oxydation continue. La grande différence consiste dans la température de la vapeur introduite et dans la durée du passage.

Cet appareil a été breveté en Angleterre le 21 janvier 1876, n° 250.

VAPORISAGE A LA CUVE, SYSTÈME BENNETT.

Nous ne parlons que pour mémoire du vaporisage Bennett; c'est un système analogue aux précédents, et dont la prise de brevet date de 1877; il est continu, avec cette particularité que la pièce est entraînée dans le haut de la cuve et tombe ensuite dans un réservoir d'une forme particulière.

La forme qu'affecte ce réservoir est une épicycloïde, de sorte

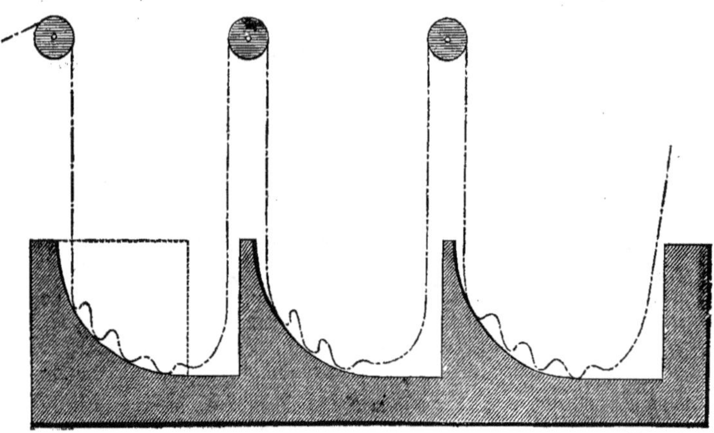

Fig. 25

que, d'après les propriétés particulières à cette courbe (fig. 25), un point quelconque du tissu en tombant sur la paroi est tenté de descendre ; le tissu se fait de lui-même sa place et glisse continuellement du haut en bas du réservoir. Nous ne saurions dire comment le rapplicage est évité ; mais il nous paraît à peu près certain qu'il doit se produire dans les conditions où se trouve cet appareil.

VAPORISAGE A LA CUVE, SYSTÈME ROSENSTIEHL.

Toute cuve à vaporiser peut être modifiée de façon à y appliquer ce système.

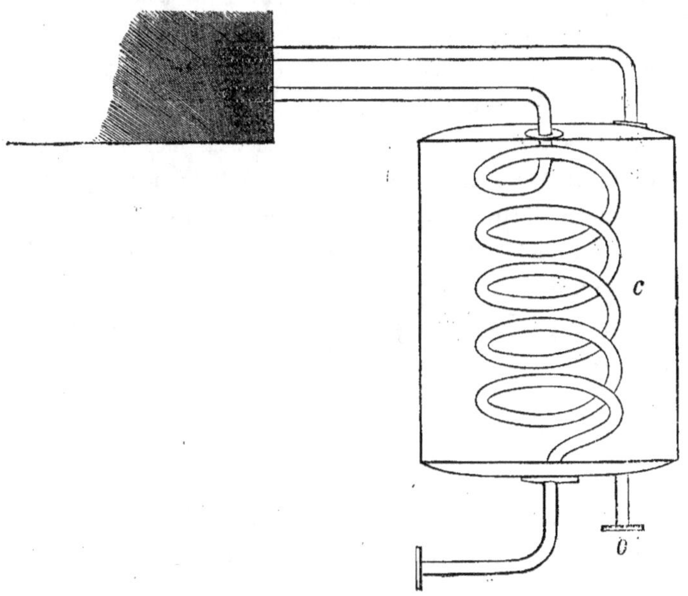

Fig. 26

La cuve proprement dite ne subit aucune modification. La différence capitale réside dans l'introduction de la vapeur qui, en général, pénètre seule, tandis qu'ici l'on introduit de la vapeur et de l'air chaud. D'après M. Rosenstiehl, cette introduction d'air chaud doit faciliter les réactions et favoriser une oxydation que la vapeur seule n'occasionne qu'à la longue.

Un fait incontestable est que les bleus et verts vapeur n'ont pas besoin de suspension, ils sortent de la cuve tout oxydés.

L'appareil placé à côté de la cuve ordinaire se compose d'un cylindre-chaudière ; ce cylindre C est traversé par un serpentin qui conduit la vapeur dans la cuve tout en servant à échauffer l'air qui l'environne. Dans le corps de la chaudière, à sa partie inférieure, se trouve un orifice O, et la partie supérieure est munie d'un tube conduisant l'air échauffé dans la cuve, de sorte qu'aussitôt que la vapeur entre dans ce récipient, il se forme un courant d'air chaud qui pénètre dans la cuve en même temps que la vapeur humide. Nous nous permettons de faire remarquer que nous avons précédemment (p. 35) indiqué l'emploi de l'injecteur Giffard ; nous supposons que l'on arriverait par ce moyen à introduire non-seulement de l'air chaud, mais aussi des vapeurs ou des corps liquides quelconques qui seraient en quelque sorte pulvérisés et amenés ainsi à un état extrême de division.

VAPORISAGE A VAPEUR SURCHAUFFÉE.

On peut dans cet appareil (pl. X) donner de la vapeur soit sèche, soit humide. Le fond de la cuve est garni d'un serpentin dans lequel passe de la vapeur surchauffée. Au-dessus de ce serpentin

se trouve un tuyau de vapeur ordinaire. On peut mettre de l'eau
au fond de la cuve, et l'on a alors une vapeur très-humide; nous
croyons qu'en établissant à des endroits convenables des orifices
par où l'air puisse pénétrer, on pourrait ainsi obtenir, avec les
différentes vapeurs sèche ou humide, le courant d'air chaud qui
fait la base du système précédent.

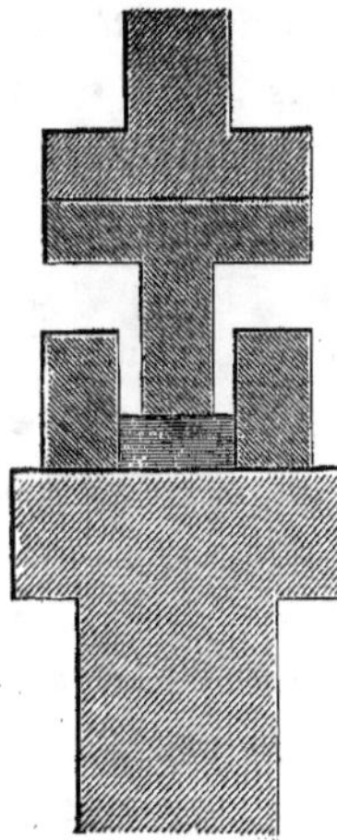

Fig. 28

Avant de terminer la description des divers engins de vaporisage, nous devons men-
tionner la fermeture à caoutchouc; c'est un
des bons moyens pratiques permettant d'obtenir une fermeture hermétique, et voici
comment (fig. 28) :

Le pourtour de la cuve est garni d'une
sorte de rail creux ; au fond de ce rail se
trouve une bande de caoutchouc d'une certaine élasticité; le couvercle est garni d'un
fer à T dont la base entre dans la rainure
du rail. La pression du fer à T sur le caoutchouc donne assez d'adhésion pour que la
vapeur ne puisse pas passer. Comme il y a
une certaine quantité d'eau qui se condense, le rail est légèrement
incliné, de façon à ce que toute cette eau s'écoule au moyen
d'un petit orifice pratiqué à l'un des trous de la cuve à vaporiser.

Enfin, nous allons indiquer plusieurs genres de vaporisage
qui n'ont eu qu'un emploi éphémère et en rapport avec les
genres auxquels ils étaient destinés, et nous terminerons le chapitre des appareils de vaporisage par la description d'un système
assez original et qui est tout spécialement employé pour la fa-

brication des fils qui servent à la confection des tapis dits moquettes.

VAPORISAGE A LA BOITE.

Cet appareil, dont l'inventeur nous est inconnu, a été usité
dans la maison Broquette, de Saint-Denis, vers 1830. Il servait
principalement au vaporisage des draps imprimés destinés à la
confection de pantalons, gilets, etc.

L'opération durait une heure.

Ce système comprend une cuve rectangulaire surmontée d'un

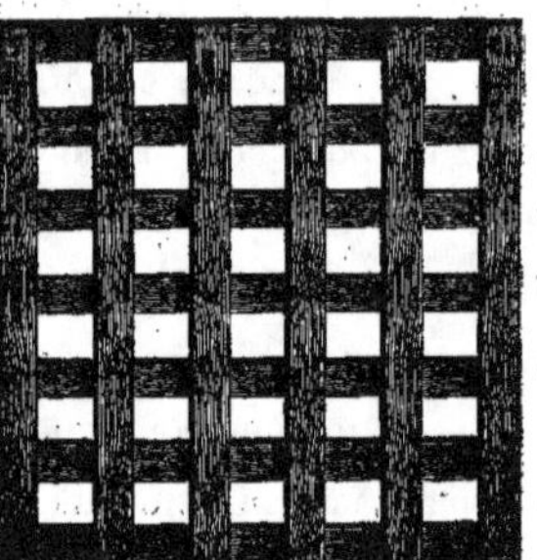

Fig. 29

toit (fig. 30). Trois des côtés en
hauteur sont fixes, et à l'intérieur
sont adaptés des rayons en treil-
lage (fig. 29). Ces rayons sont en
bois percé d'intervalles de $0^m,05$ de
côté; l'épaisseur du bois étant de
$0^m,02$ en largeur et hauteur, la
distance d'un rayon-treillage va-
riait suivant les genres de pièces.

On prenait chaque pièce de laine et on la pliait à la main, de façon
à lui donner la forme elliptique qu'affectent les pièces de drap
livrées à la vente; on introduisait par le quatrième côté, resté
ouvert, les pièces à vaporiser, puis on fermait ce dernier au
moyen de boulons.

Ce système n'a servi que pour les draps. Il y avait quelquefois un léger rapplicage; mais comme on employait des couleurs
très-foncées sur des fonds très-chargés, cet inconvénient était

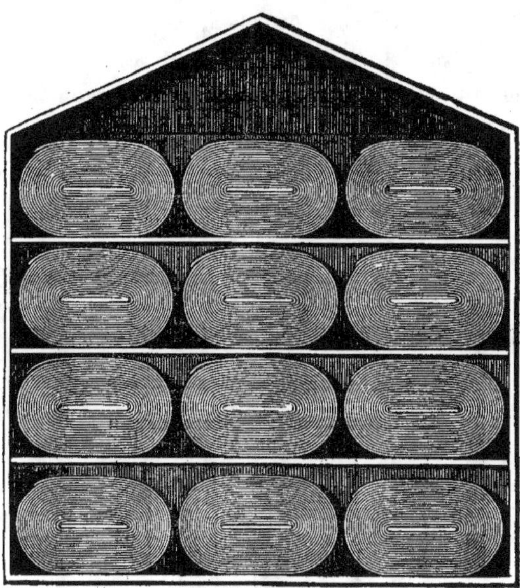

Fig. 30

de peu de gravité et passait pour ainsi dire inaperçu à cette époque.

VAPORISAGE A LA MARMOTTE.

C'est à Lyon et dans les environs de Paris que ce système a eu le plus de vogue. Il a été employé dès 1834 chez MM. Depouilly, à Puteaux, et servait surtout au vaporisage des baréges laine et soie qui, à cette époque, jouissaient d'une grande faveur dans la consommation. On se rappelle que les couleurs usitées alors étaient peu nombreuses et les matières colorantes employées se réduisaient à peu près aux substances suivantes : *cochenille*, soit extrait, soit décoction, soit ammoniacale, *cuba*, *gaude, campêche, orseille, indigo*, extrait et carmin.

On opérait toujours avec de la vapeur sèche et la durée du fixage était de 35 à 40 minutes.

L'appareil se compose d'une cuve cylindrique en bois d'environ 1^m,30 de haut sur à peu près 1^m,20 de diamètre. Une

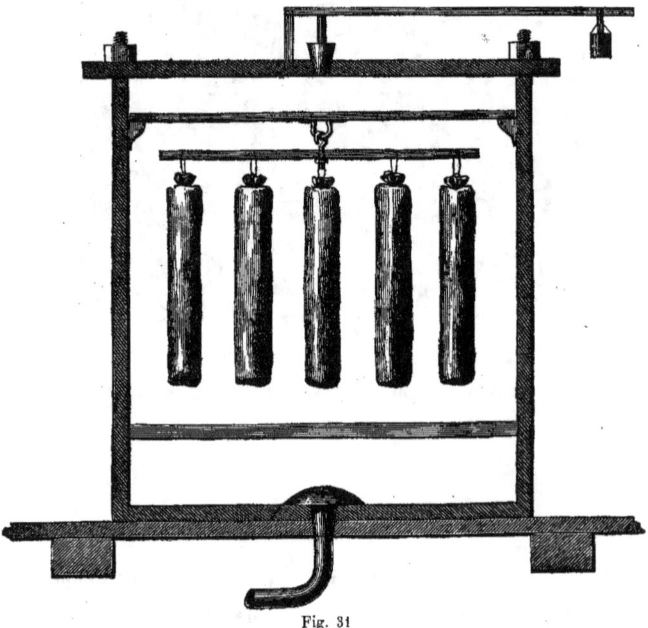

Fig. 31

telle cuve peut contenir 56 pièces de barége de 40 mètres chacune. Au haut de la cuve se trouve une soupape de sûreté; dans le bas, un faux plancher destiné à recevoir les pièces qui pourraient se détacher accidentellement; le fond même de la cuve est garni d'un robinet permettant de faire écouler l'eau de condensation; au haut de la cuve se trouve une barre de fer à laquelle on suspend le cadre destiné à recevoir les pièces à fixer. Le cadre (fig. 31) n'a pas de crochets comme les cadres analogues dits champagnes, mais est muni de barres de fer circulaires auxquelles on attache au moyen de ficelles les pièces qui doivent être soumises à l'action de la vapeur.

Voici maintenant comment se préparent les pièces. Primitivement on se servait d'un carton que l'on roulait sur lui-même de façon à en faire un cylindre de $0^m,08$ à $0^m,10$ de diamètre et de la largeur de la pièce. Plus tard, on s'est servi d'un cylindre en zinc garni de fer. On met sur ce cylindre un ou deux mètres de doublier, puis on enroule la pièce à la main; enfin, un autre doublier terminal; on

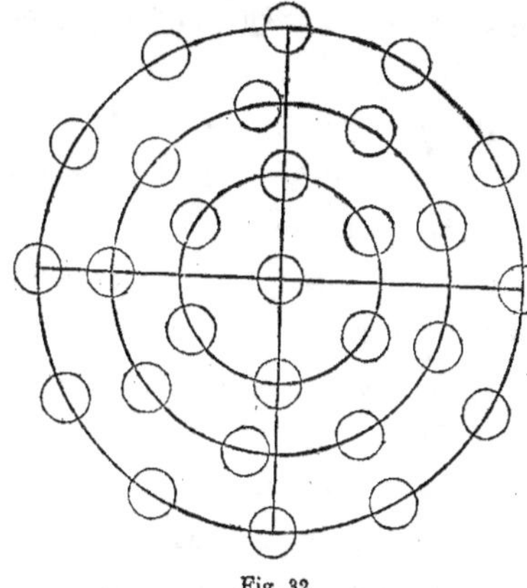

Fig. 32

retire le rouleau, on passe une ficelle dans le paquet ou *marmotte* ainsi formé. Ce paquet est suspendu au cercle du cadre, et ainsi de suite jusqu'à complète garniture. On peut, de cette façon, suspendre jusqu'à vingt-huit paquets contenant chacun deux pièces de barége de 40 mètres de longueur chaque (fig. 32).

VAPORISAGE POUR LES LAINES.

Ce système, spécialement destiné aux laines, a aussi été employé pour les indiennes ; l'appareil dont nous donnons la description a été appliqué en Autriche, à Atzgerdorf près Vienne, en 1838. Ce même appareil a été appliqué en France pour la fabrication de l'indienne : la première cuve de ce genre a fonctionné à Malaunay chez MM. Hazard frères, vers 1845 ou 1846.

Nous devons à l'obligeance de notre collègue, M. Zetter, les divers renseignements qui suivent.

La cuve (fig. 33) est de forme conique ; elle a une hauteur de 2 mètres ; le diamètre du fond est de 2 mètres, le diamètre supérieur de 1 mètre. A la partie supérieure se trouve un trou d'homme d'environ $0^m,40$; c'est par cet orifice que l'on introduit les pièces à vaporiser. Dans l'intérieur de cette cuve conique, au plafond, si l'on peut s'exprimer ainsi, sont fixés des crochets auxquels on suspend les pièces.

Les pièces ou robes sont enroulées à la main, dans un papier non collé, puis introduites dans un sac en coutil ou poche ; on noue alors ce sac avec une ficelle, laquelle sert en même temps à suspendre le sac ainsi chargé à l'un des crochets fixés à la partie supérieure de la cuve. Celle-ci reçoit la vapeur en *A* et la laisse échapper en *B,* où elle va se condenser dans un baquet rempli d'eau froide. On mettait quatre robes dans un sac et la durée de l'opération était de 40 minutes.

Cette cuve se ferme hermétiquement dans le haut par le couvercle recouvrant le trou d'homme ; on place sur l'orifice un drap, et sur ce drap vient s'ajuster le couvercle que l'on main-

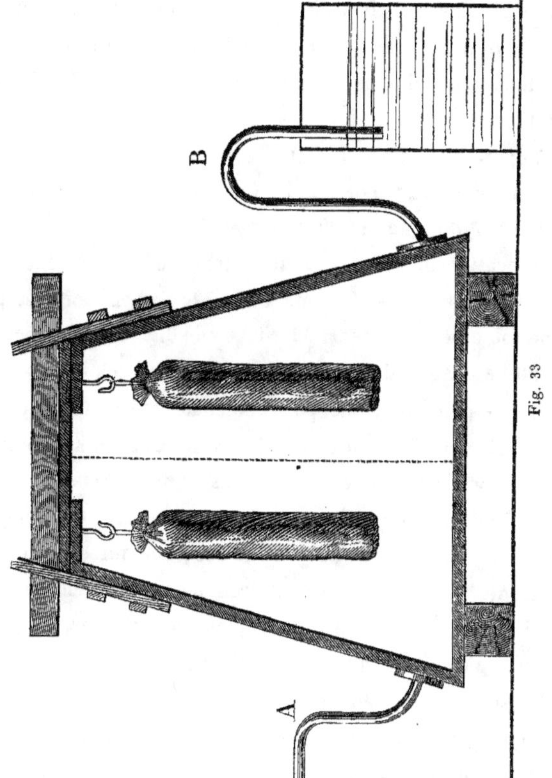

tient par une forte pièce de bois passant dans deux brides ou oreilles en fer adaptées sur les côtés de la cuve.

VAPORISAGE A LA COMMODE.

Les renseignements concernant cet appareil nous ont été obligeamment fournis par M. Gonin.

C'est vers 1850 ou 1851 que ce mode, spécialement employé pour les chaînes destinées à la fabrication des tapis moquettes, fut introduit en France, dans la maison Sallandrouze, d'Aubusson. Il a été imaginé par un manufacturier anglais, M. Crossley, d'Halifax.

L'appareil se compose d'une sorte de commode, d'où lui est venu son nom de vaporisage à la commode, d'environ 1ᵐ,50 de haut, 1ᵐ,25 de long, 1ᵐ,30 de large.

Dans cette armoire s'engagent quatre tiroirs exactement comme ceux d'une commode. Le fond de ces tiroirs en bois est percé d'une foule de trous de $0^m,02$ à $0^m,03$ de diamètre ; on met dans le fond de chaque tiroir, en commençant par celui du bas, une couche de paille d'avoine, puis une couche de chaîne imprimée, et ainsi de suite jusqu'à ce que le tiroir soit plein ; on répète la même opération pour les autres, puis on fait arriver la vapeur par le fond de l'appareil ; on vaporise une heure. On peut ainsi vaporiser environ 30 kil. de chaîne sèche, ce qui, en poids réel, représente beaucoup plus ; car, comme ces chaînes sont imprimées *à la roulette*, par conséquent non séchées, et que les couleurs sont toutes épaissies avec gomme et terre de pipe, le poids est beaucoup plus considérable.

Il existe encore d'autres appareils à fixer les couleurs, par exemple : le nouvel appareil Walter-Crum, qui est destiné à vaporiser de grandes quantités de tissus, 40 à 50,000 mètres par jour ; mais les renseignements que nous avons n'étant pas suffisants, nous nous abstiendrons d'en parler.

II

APPAREILS EMPLOYÉS DANS LES OPÉRATIONS ACCESSOIRES DU VAPORISAGE.

Les appareils dont le but est la fixation par la vapeur sont, comme nous venons de le voir, aussi variés que nombreux; ceux destinés aux opérations accessoires, telles que *préparation, enroulage, déroulage*, etc., etc., sont moins nombreux et en général très-simples.

Nous décrirons successivement la *bobine,* les *appareils mécaniques pour les faire fonctionner en cuve,* l'*humectoir,* servant principalement pour la laine et les tissus de laine mélangée; le *trinquet,* pour enrouler; l'*enrouloir simple*; l'*enrouloir,* pour pièce et doublier; les *cadres de champagne;* les *dévidoirs,* et enfin les *plieuses dévidoirs.*

BOBINES.

En parlant des cuves à couvercles à vapeur, nous avons donné dans la planche IV le détail des bobines; nous ne nous étendrons pas plus sur cet accessoire, si ce n'est pour dire qu'il est utile et avantageux de l'avoir en bois. Celles en métal ont un léger inconvénient qui les a fait rejeter dans quelques usines où on les employait, c'est de se dilater outre mesure et alors de facilement se ployer; elles ont aussi l'inconvénient, par suite de la grande conductibilité du métal, de facilement condenser l'humidité.

Les bobines en bois doivent aussi être surveillées; quand elles sont neuves, il arrive souvent que la chaleur fait suinter la résine qui se trouve dans le bois et occasionne ainsi des taches assez difficiles à enlever. D'un autre côté, quand les bobines deviennent vieilles et que la vapeur a brûlé le bois, celui-ci passe à l'état d'humus et devient en partie soluble dans l'eau de condensation. Cette eau donne alors des taches qu'il est impossible d'enlever.

Les diverses cuves à bobines sont organisées de façon à pouvoir faire tourner ces rouleaux à la main; mais, quand il y en a quinze ou vingt, cette opération ne manque pas que d'être assez pénible, et risque par cela même d'être bien moins suivie ou irrégulièrement faite. Si l'on a à proximité une transmission, il est très-facile de faire mouvoir tout le système par un mécanisme dont voici (fig. 34) un croquis :

A Transmission.

B Poulies doubles, dont l'une folle communique avec la transmission, et l'autre fixe communique aussi avec la transmission, mais fait mouvoir une troisième poulie de même diamètre et fixée sur le même arbre. Un débrayage, non indiqué sur le croquis, est placé sur le plancher P. La courroie C passe sur une petite poulie T, s'engage à joint croisé sur la poulie D adaptée à la cuve, redescend sur la poulie T' et revient sur la poulie B pour continuer le même trajet; de cette façon, les pièces qui sont dans la cuve sont très-régulièrement changées de place.

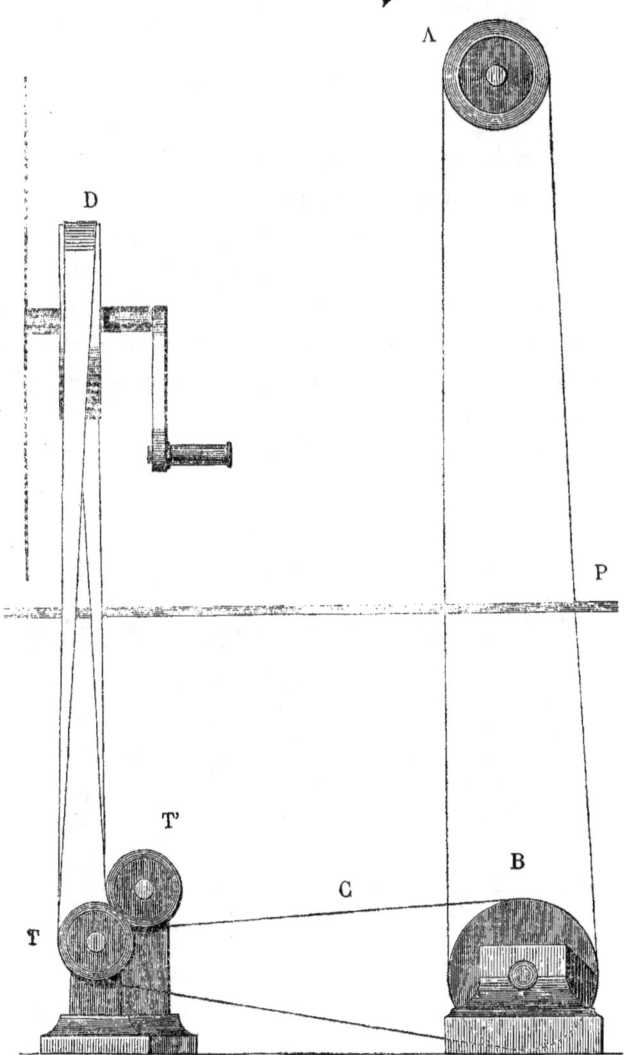

Fig, 34

APPAREIL A HUMECTER.

Il arrive surtout, ou plutôt particulièrement dans la laine et les tissus mélangés de laine, que ces derniers ne sont pas assez humides et ne prennent pas facilement le vaporisage.

Pour obvier à ce grave inconvénient, qui facilite les cassures et donne de grandes inégalités, on humecte les pièces dans des cuves ou des locaux spécialement installés à cet effet. Mais quand ces locaux font défaut, on se sert alors de l'appareil dit humectoir (fig. 35).

L'humectoir se compose d'une série de barres parallèles les

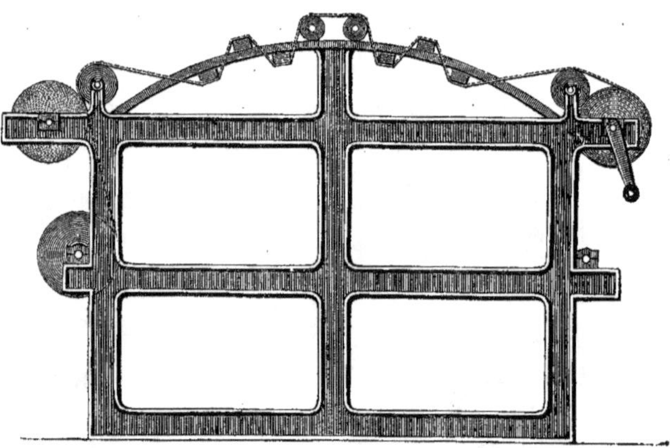

Fig. 35

unes aux autres placées sur un bâti; à l'une des extrémités de l'appareil est un enrouloir à main; à l'autre extrémité on place le rouleau du tissu à *humecter* ou la pièce sans être enroulée, et au-dessus le doublier *humide* qui sert à humecter.

On fait passer ensemble les deux pièces par les barres et on les enroule à l'autre extrémité. La pièce sèche prend alors assez régulièrement l'humidité voulue et est ainsi prête à être vaporisée. Si après une opération la pièce n'est pas suffisamment humectée, on recommence jusqu'à ce que l'on ait atteint le degré voulu.

TRINQUET OU TRAQUET.

Les pièces en sortant de l'impression ou de l'oxydation, doivent être enroulées pour être plus commodément placées dans les appareils à vaporiser. On se sert à cet effet de l'appareil dit *traquet* ou *trinquet* (fig. 36).

Le trinquet se compose de quatre branches fixées sur un axe qui repose sur deux montants. Les quatre branches sont placées en croix, et la figure que forme le tissu entourant ces quatre branches représente un carré *a b c d*.

L'une des branches *a c* est brisée en *o* et peut au moyen d'un écrou tourner autour du point *o*. De sorte que quand on a enroulé la pièce autour du traquet, on peut très-facilement l'enlever en défaisant la branche *o c*, car alors on forme une ligne *b c' d* beaucoup plus courte que la ligne primitive *b c d*. Le tissu glisse alors et est ensuite placé sur une bobine pour de là être mis en cuve.

Quand on veut enrouler deux pièces à la fois, soit que l'une soit un doublier et l'autre une pièce, ou que les deux soient à vaporiser, on met la pièce P d'un côté et le doublier D de l'autre; un ouvrier tourne le traquet par la manivelle M pen-

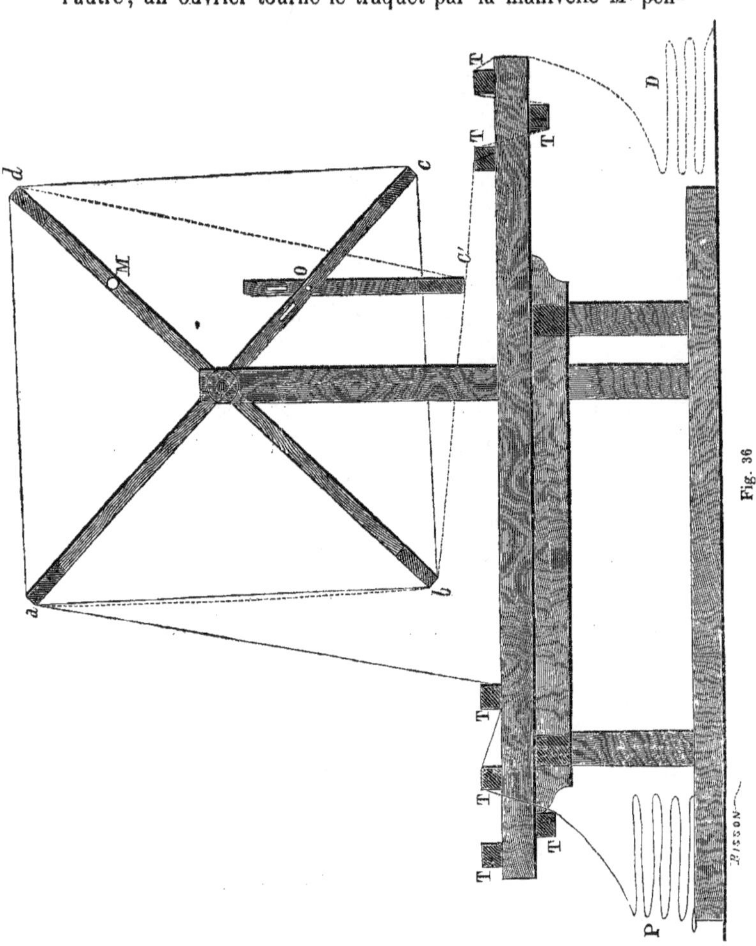

dant que deux autres personnes soignent l'une l'entrée de la pièce et l'autre l'entrée du doublier. Les barres T qui se trouvent de chaque côté sont destinées à faire sortir les plis qui dans certains cas donneraient lieu à des rapplicages.

ENROULOIRS.

Quand on vaporise avec le système Richard, le traquet n'est plus nécessaire; mais il faut alors un enrouloir. L'enrouloir

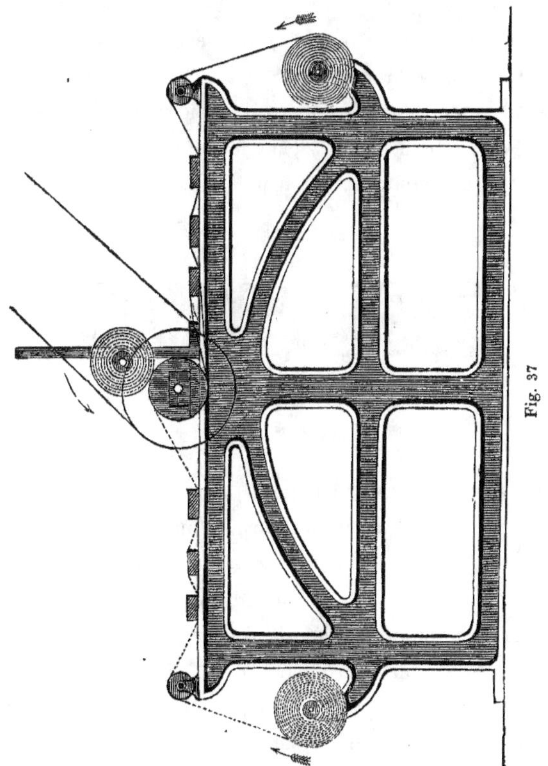

Fig. 37

simple est tellement connu que nous croyons inutile de le décrire. Mais quand il s'agit d'enrouler une pièce et un doublier, on se sert alors de l'enrouloir suivant :

L'enrouloir double (fig. 37) est imaginé de telle façon que l'on place sur le devant la pièce déjà enroulée ou pliée et sur le derrière la pièce devant servir de doublier ; la transmission communique le mouvement au moyen d'une poulie placée au milieu de l'appareil et sur laquelle se trouve le tambour enrouleur. On met les deux extrémités des deux pièces sur la boîte placée au-dessus du tambour et, quand celui-ci est mis en mouvement, les deux pièces se trouvent enroulées. Pour arriver à de bons résultats, il faut employer une disposition spéciale que voici : le rouleau ou tube en cuivre, sur lequel doivent être enroulées les pièces, est monté sur un arbre en fer FF'; on met d'abord

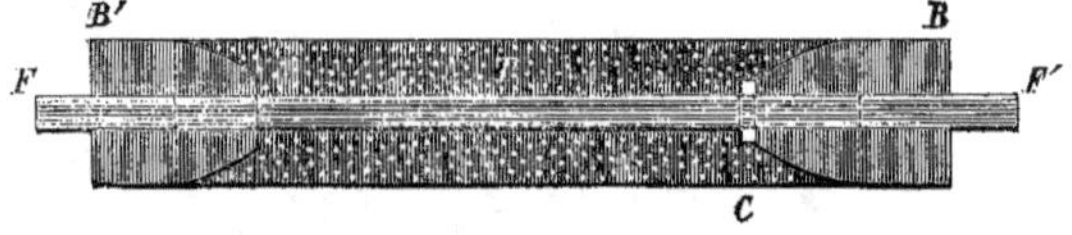

Fig. 38

sur cet arbre un billot conique B, puis le tube en cuivre T et enfin le billot B'; on frappe au moyen d'un maillet en bois sur le côté F' en fixant le billot B' contre une pièce de bois quelconque ; la clavette C placée en dedans du tube du côté B force alors les deux billots coniques à entrer de force dans le tube. On met l'arbre sur l'enrouloir, puis, l'enroulage terminé, on donne sur l'arbre du côté F un coup sec qui fait sortir le billot B. Une fois celui-ci dégagé, on pousse le billot B avec l'extrémité F de l'arbre qui est entré dans le tube.

DÉVIDOIRS.

Les pièces vaporisées doivent être enlevées de dessus les bobines sur lesquelles elles se trouvent ; on pourrait les dévider

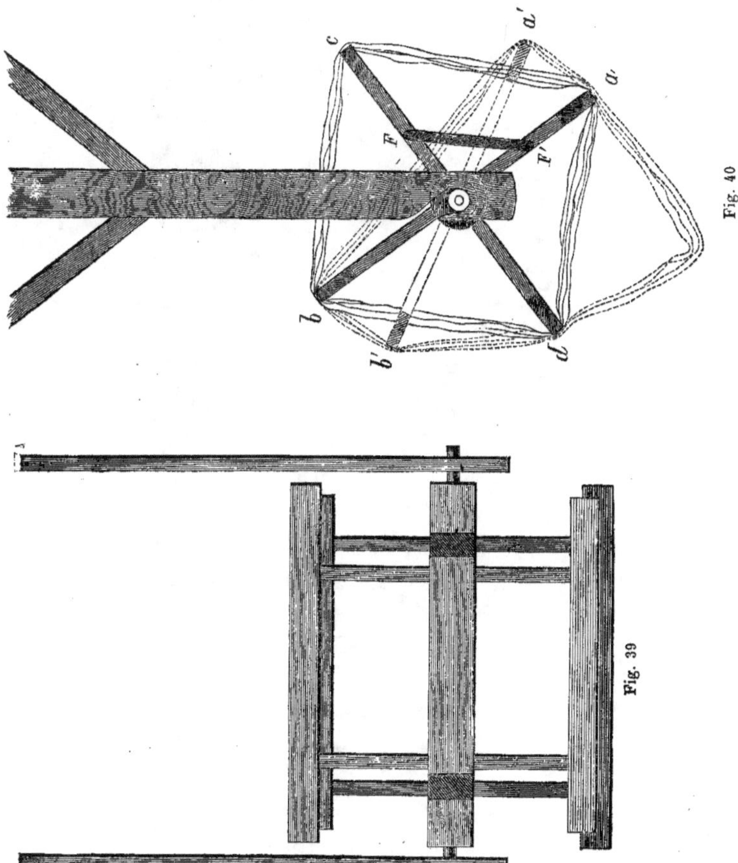

sur les traquets qui ont servi à l'enroulage ; mais, pour éviter des pertes de temps, on se sert d'un appareil analogue au traquet et que l'on appelle dévidoir.

Le dévidoir représenté figure 39 et figure 40 se compose de deux

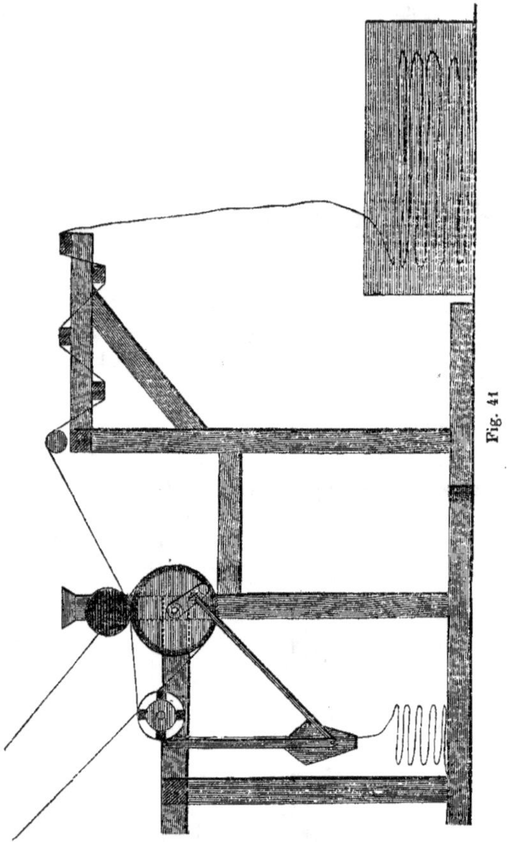

Fig. 41

bras formant croix et que l'on peut replier sur eux-mêmes,

comme on peut le remarquer en a' b' (fig. 40) ; dans la position a' b', le tissu se met facilement sur le dévidoir ; on donne à celui-ci la forme qu'il doit avoir, c'est-à-dire de façon à ce que le tissu représente un carré a, b, c, d ; on fixe les barres a, etc., au moyen de la tige en fer FF'. On déroule alors la pièce. La figure 39 représente le dévidoir vu de face.

Quand on a des doubliers à dérouler, et que l'on cherche à gagner du temps, on se sert de la plieuse (fig. 41).

La plieuse est à utiliser chaque fois que l'on a des pièces ou des doubliers qui doivent être pliés convenablement.

Cette machine est placée devant le dévidoir, de sorte qu'en mettant le bout du doublier sur la plieuse et laissant tomber la pièce sous le traquet, le doublier sera plié en même temps que les deux (pièce et doublier) auront été dévidés. Cet appareil est surtout fort commode quand on emploie des tissus lourds ou qui ne se manient que difficilement.

CHAPITRE IV

COMBUSTIBLE CONSOMMÉ PAR LE VAPORISAGE.

Nous avons vu que le nombre d'appareils employés pour le vaporisage est considérable ; il est de toute évidence que, non-seulement ces divers systèmes ne consomment pas les mêmes quantités de combustible pour une même quantité de tissu, dans un temps donné, mais encore que ces quantités varient suivant la nature de l'étoffe.

Nous ne tenterons pas de rechercher quels sont, parmi ces appareils, ceux qui en consomment le plus ou le moins. Mais, comme jusqu'à présent les données concernant ce sujet font défaut, nous relaterons ici les essais que nous avons faits avec un des appareils les plus usités.

Nos essais ont porté sur une cuve à bobines, en fer,

de 3^m,78 de longueur,

1^m,15   largeur,

2^m,45   hauteur,

cubant par conséquent 10,650 mètres cubes.

L'épaisseur du métal est de 0^m,005.

Cette cuve est garnie d'une cloison en bois faisant office

	2.000			
15			17	
30			20	
45		262 kil.	20	
XI			19	10.50
15			19	
30			18	
45			18	
XII			10	12.50
15			17	
30			17	
45			17	
I			18	14.00
15			18	
30			18	
45			18.5	
II			18.5	15.50
15			21	
30			19	
45			17	
III			18.5	16.00
15			18	
30			16.5	
45			19.5	
IV			19.5	13.00
15			19	
30			18	
45			17	
V			17	12.00
15		487		
	6.000 kil.	749 kil.	835°.5	390°.2
Resto	290	»	»	»
	5.710 kil.	749 kil.	835°.5	390°.2
Moyennes.	»	»	18°.5	9°.5

EXPÉRIENCES DE VAPORISATION

Bulletin de la Société Industrielle de Rouen. 1877.

HEURES.		CHARBON.	SCORIES.	TEMPÉRATURE.		PRESSION	POIDS
				EAU d'alimentation.	AIR extérieur.	aux chaudières.	d'eau vaporisée.
V	30	1.400 kil.		17°	— 0 —		
	45			17	départ.		
VI				17	1°	4 kil.	1.392 »
	15			18		4.50	
	30			19		4.50	1.392 »
	45			19		4.50	
VII				19	1.75	4.60	1.392 »
	15			19		4.00	
	30			22		4.25	1.392 »
	45			20		4.50	
VIII				19	2.50	4.50	1.392 »
	15			22		4.00	
	30			22		3.90	1.392 »
	45			22	4.00	4.00	
IX				22		4.00	1.654 »
	15			19		4.25	1.654 »
	30			20		4.00	
	45			21		4.00	1.654 »
X		4.600		10	8.00	4.00	
	15			17		4.25	1.654 »
	30			20		4.00	
	45		262 kil.	20		4.00	1.654 »
XI				19	10.50	3.75	
	15			19			1.654 »
	30			18			
	45			18			1.654 »
XII				10	12.50	4.00	
	15			17		4.00	1.654 »
	30			17		4.25	
	45			17		4.60	1.654 »
I				18	14.00	4.50	
	15			18		4.60	1.654 »
	30			18		4.20	
	45			18.5		4.25	1.654 »
II				18.5	15.50	4.50	
	15			21		4.50	1.654 »
	30			19		4.50	
	45			17		4.50	1 654 »
III				18.5	16.00	4.50	1.654 »
	15			18		4.60	
	30			16.5		4.50	
	45			19.5		4.75	1.654 »
IV				19.5	13.00	4.50	1.654 »
	15			19		4.50	
	30			18		4.25	647 50
	45			17		4.50	
V				17	12.00	4.25	
	15		487				
		6.000 kil.	749 kil.	835°.5	390°.25	180k.25	35.463 50
Reste		290	»	»	»	»	»
		5.710 kil.	749 kil.	835°.5	390°.25	180k.25	»
Moyennes.		»	»	18°.5	9°.51	4k.29	»

OBSERVATIONS.

HAUTEUR D'EAU DANS LES TUBES.

Le poids de l'eau extrait de la cuve a été de 35,643k,500. Le poids d'eau vaporisée sera donc 35,643.5, auxquels il faut ajouter l'eau manquante à la batterie G pour avoir le niveau d'eau du matin: le volume d'eau = cette différence est 1,765l,420 à 150° environ. Pour avoir le poids, nous divisons le volume V par le diviseur 1,04315 pour l'eau à 100°, mais trop faible pour l'eau à 154°. Nous avons négligé le volume des calottes, ce qui peut compenser ce que le diviseur a de trop faible. Nous trouvons alors pour poids

$$1,692^k,105$$

Nous avons donc vaporisé

$$35,463^k,500 + 1,692^k,105 = 37,155 \text{ kil.}$$

Nous avons brûlé 5,710 kil. charbon.

Le rendement brut $= \dfrac{37.155}{5.710} = 6^k,507$

Pour le rendement net, nous ramenons à 0° l'eau du bassin (1) qui avait 18°,5 en moyenne et l'eau des chaudières (2) qui avait 153°.

Pour (1), nous avons

$$37155.6 \left[\frac{606.5 + 0,305 \times 153 - 18.5}{606.5 + 0,305 \times 153} \right] = 36,115^k,243$$

Pour (2) $1,692^k,105 \left[\dfrac{606.5 + 0,305 \times 153 - 154.5}{606.5 + 0,305 \times 153} \right] = 1292.768$

$$37,408^k,011$$

Il a été pesé en charbon. . . 5,710 kil.

— en scories . . . 749

Reste. . . . 4,961 kil. charbon pur.

Le rendement est donc de (net)

$$\frac{37408,011}{4,961} = 7^k,540$$

d'isolateur. Comme on ne peut la fermer hermétiquement, nous avons suppléé à cette lacune en la recouvrant avec des planches : ordinairement, elle est couverte par du drap de laine, comme cela se pratique en général. Comme cette fermeture (par les planches) n'est pas absolument hermétique, nous n'avons pu donner à nos expériences la précision nécessaire pour indiquer des résultats absolument certains. Il aurait fallu, en outre, pouvoir vaporiser avec une ou plusieurs chaudières ne desservant que le vaporisage, pour tenir un compte rigoureusement exact de la dépense de combustible, comme aussi de l'entraînement de l'eau par la vapeur, etc. N'étant pas placé dans ces conditions, il nous a été impossible d'y satisfaire. Cependant nous espérons que telles que nous les relatons, nos expériences pourront être de quelque utilité et aideront les industriels dans la voie à suivre pour obtenir sinon des résultats mathématiquement exacts, au moins des comparaisons pratiques.

La cuve ci-dessus décrite a, au fond, une certaine quantité d'eau. La vapeur, en passant dans cette eau, se condense et abandonne une certaine quantité de chaleur. En tenant compte du poids d'eau avant l'expérience et du poids d'eau que l'on obtient à la fin de l'opération, nous constatons une différence qui représente un certain poids de vapeur (en kilogrammes) duquel *connaissant le rendement* des chaudières employées, on pourra déduire la quantité de combustible.

Voici comment nous avons opéré : Nous avons fait un vaporisage dans les conditions ordinaires, mais en limitant la durée de l'opération au moment où la vapeur commençait à devenir visible au-dessus de la cuve. Nous avons admis que toute la vapeur s'était condensée soit dans la cuve, soit sur les tissus,

7

bobines, couvercle, etc. En pesant le tout et tenant compte des températures pour rectifier les poids obtenus, nous avons eu un poids x en un temps t, en secondes s; pour avoir la dépense par seconde, nous aurons $\frac{x}{t}$. Nous avons alors admis que la dépense en $30''$, $100''$, $1000''$ — était égale à $\frac{x}{t} \times 30$ ou 100, ou 1000.

Remarquons un point essentiel, qui nous permettra de calculer d'une autre façon notre dépense de combustible, c'est que *la pression dans la cuve soumise à l'essai n'a jamais dépassé trois centimètres d'eau*. On peut la considérer comme nulle, et cependant la pression du régulateur a été constamment de 3 atmosphères effectives dans toutes les opérations. Nous insistons sur ce point, car on se figure généralement que dans les cuves *non fermées* les tissus subissent une pression plus considérable que celle que nous indiquons.

Nos expériences, dont quelques-unes sont relatées au tableau ci-joint, ne sont malheureusement ni assez nombreuses pour en tirer une déduction logique, ni assez probantes pour en conclure; nos expériences, disons-nous, nous amènent à une consommation de près de 300 gr. de charbon par kilogramme de coton. Nous avons admis, comme unité, le kilogramme de coton, faute de pouvoir mieux définir les quantités de tissus avec lesquels on opère. Il est évident que si l'on vaporise des jaconas et des sergés, par exemple, les premiers, éu égard au poids, consommeront plus de combustible que les derniers. Si, d'autre part, nous vaporisons les premiers pendant trente minutes et les seconds pendant deux heures, nous aurons un rendement inverse. Nous croyons par ces diverses raisons nous approcher de la vérité, en prenant pour base le kilogramme de coton et non le mètre.

Dans l'expérience n° 2, la cuve étant incomplète, la dépense est évidemment plus forte que dans la troisième qui, du reste, n'accuse que 230 gr. par kilogramme de coton. Il nous paraît superflu de faire remarquer que plus il y a de doubliers, plus la consommation augmente, car elle porte alors sur le tissu en général. C'est une des raisons pour lesquelles on cherche à éviter l'emploi de cet accessoire.

Supposons maintenant que la vapeur s'échappe dans l'atmosphère. Nous avons en effet remarqué (et les notes ci-jointes l'indiquent suffisamment) que la pression est généralement très-faible dans les cuves à vaporiser, il est rare qu'elle dépasse $0^m,04$ d'eau $= 0^m,003$ de mercure. Nous supposons donc que la vapeur s'échappe dans *l'atmosphère*, ce qui est admissible, puisque les pressions que nous avons sont très-faibles.

D'après Zeuner (voir *Théorie mécanique de la chaleur*, par Zeuner, p. 409; 1869), la dépense en kilogrammes de vapeur écoulée par seconde est exprimée au moyen de la formule suivante (pour 3 atmosphères) :

$$P = 392,27 \times F$$

$F =$ Section de l'orifice en mètres carrés. Notre tube ayant un diamètre de $0^m,036$, nous trouvons :

$P = 0^k,399$ par seconde, et pour $1,800''$ ou $^1/_2$ heure ;

Q ou la dépense en kilogrammes de vapeur $= 718^k,200$, avec le rendement de $6^k,5 =$ eau par 1 kil. charbon $= 110^k,48$ de charbon.

Résal, dans son *Traité de mécanique* (t. II), donne la formule suivante ; c'est une formule empirique déduite des expériences de Résal et Minary :

$$P = \omega \sqrt{\dfrac{10,333\,(n_{o} - 1)\,\pi_{o}\,g}{2,37\,lg\,n_{o} + 0,907}}$$

$P =$ Dépense par seconde en kilogrammes ;

$\omega =$ Section de l'orifice, dont le diamètre est $0^{m},036$ dans notre expérience ;

$n_{o} =$ Pression évaluée en atmosphères ;

$g = 9,81$;

$\pi_{o} =$ Poids spécifique du mètre cube de vapeur à la pression n_{o}.

En employant cette formule, nous trouvons que $P = 0^{k},418$ par seconde et en une demi-heure, nous aurions $Q = 752^{k},400$.

Si nous admettons (?) pour un ajutage cylindrique le coefficient de contraction $0,95$, nous retrouvons $714^{k},40$, poids de vapeur, ou $714,40 : 6,5 = 109,920$ de charbon.

Quoique ces chiffres ne concordent pas entre eux, et malgré une série d'essais donnant un chiffre de consommation déduite de l'expérience (nous ne donnons ici en détail que l'essai n° 3 qui représente à peu près la moyenne de plusieurs essais similaires), nous sommes tentés d'admettre les dernières quantités ; c'est-à-dire, en résumé, qu'en cuve ordinaire, la consommation par kilogramme de tissu (en admettant des calicots de 10 à 12 kil. les 100 mètres, et en remplissant la cuve sans doubliers) peut être évaluée à environ 3 à 400 grammes de charbon dans les conditions de rendement de chaudière sus indiquées.

Nous ferons encore une fois remarquer combien cette évaluation est difficile, non-seulement à cause de la grande variété de tissus dont les poids varient de $100\ ^o/_o$, mais encore aussi à cause de la fabrication qui exige quelquefois un vaporisage d'une heure avec doubliers, tandis que dans d'autres cas une demi-heure sans doubliers suffit.

Essais de Vaporisage.

ESSAI.	N° 1	N° 2	N° 3
Durée de l'essai en secondes . .	1800	180	375
Volume total de la cuve.	$10^{m\cdot c}$,650	$10^{m\cdot c}$,650	$10^{m\cdot c}$,650
Pression au régulateur	3 atmosphères	3 atmosphères	3 atmosphères
Température ambiante..	20°	16°	21°
Degré hygrométrique (cheveu).	—	—	62°
Tissu vaporisé. . . . . Pièces.	14	10	18 + 9 doubliers.
— . . . . . Mètres	1,570	847.8	2,795 mètres.
— . . . . . Kilog.	139^k,730	83^k,084	161^k,300 (1)
Cuve complète ou incomplète. .	complète	incomplète.	complète.
Rendement de la chaudière à vapeur, fournissant la vapeur pour vaporiser	6,5	6,5	6,5 (4)
Pression en cent. d'eau dans la cuve pendant le vaporisage. .	0,021	0,016	0,020

Cuve $H = 2,45$.
$L = 3,78$.
$l = 1,15$.

	N° 1			N° 2			N° 3		
	Avant.	Après.	Diffé-rence.	Avant.	Après	Diffé-rence.	Avant.	Après.	Diffé-rence.
Hauteur d'eau au fond de la cuve.	0^m,050	0^m,061	0^m,011	0^m,089	0^m,090	0^m,001	0^m,137	0^m,149	0^m,012
Volume d'eau. . . . . . litres.	217.350	265,127	47.777	386.883	391,230	4.347	595.539	647,703	52.164
Température de l'eau.	72°	81°	—	76°	85°	—	68°	90°	—
Poids d'eau du fond. . . . kil.	212.307	257,700	45.393	376.964	379,007	2.043	583.030	626,460	43.430
Volume de vapeur en cuve. lit.	—	$10,432^l$,650	—	—	$10,268^l$,770	—	—	$10,002^l$,297	—
Poids de vapeur en cuve . kil.	—	13^k,488	—	—	13^k,277	—	—	12^k,933	—
Flanelle . . . . . . kil.	—	—	1.300	—	—	0.150	—	—	0.400
Toile. . . . . . . kil.	—	—	0.250	—	—	0.000	—	—	0.100
Couvercle . . . . . kil.	—	—	1.700	—	—	1.450	—	—	0.900
Bobines . . . . . . kil.	—	—	0.500	—	—	0.700	—	—	0.200
Tissu total (2). . . kil.	—	—	3.480	—	—	1.700	—	—	4.100
— effectif (3). . kil.	—	—	3.480	—	—	1.700	—	—	2.900
Régulateur. . . . . kil.	—	—	?	—	—	?	—	—	0.525
Cuve. . . . . . . kil.	—	—	53.930	—	—	2.043	—	—	43.430
Poids total d'eau condensée. kil.	—	74,648	—	—	19,320	—	—	62,588	—
Kilogr. de vapeur. . . . . kil.	—	74,648	—	—	19,320	—	—	62,588	—
Kilogr. de charbon, total. kil.	—	11,500	—	—	3,000	—	—	9,620	—
— par kil. de coton en 30'.	—	**0,090**	—	—	**0,360**	—	—	**0,227**	—
Kilogr. de charbon en 30'. kil.	—	11,500	—	—	30,000	—	—	46,500	

(The row-label group bracket for Flanelle through Cuve is labelled "Eau condensée sur".)

Charbon consommé en 30', d'après Zeuner. **110,480**

— d'après Résal **109,920**

(1) Tissu et doubliers $= 234^k$,600.

(2) Tissu total $=$ tissu à vaporiser et doubliers; tissu effectif signifie tissu imprimé à vaporiser, sans les doubliers.

(3) Tissu et doubliers $= 4^k$,100, mais il y a sur 2,795 mètres de tissu 1,047 mètres doublier.

(4) Voir, d'autre part, les essais de rendement de chaudière.

DIVISEURS

pour la réduction d'un volume d'eau à la température de 4° C.

Ce tableau est extrait des *Annales de Physique et de Chimie*,

ANNÉE 1859. — TOME XXII, PAGE 47.

T	VOLUMES.	T	VOLUMES.	T	VOLUMES.	T	VOLUMES.
4°	1,0000000	29°	1,00403	54°	1,01395	79°	1,02823
5	1,0000082	30	1,00433	55	1,01445	80	1,02885
6	1,0000309	31	1,00463	56	1,01495	81	1,02954
7	1,0000708	32	1,00494	57	1,01545	82	1,03023
8	1,0001216	33	1,00525	58	1,01595	83	1,03090
9	1,0001879	34	1,00555	59	1,01647	84	1,03156
10	1,0002684	35	1,00593	60	1,01698	85	1,03225
11	1,0003598	36	1,00624	61	1,01752	86	1,03295
12	1,0004743	37	1,00661	62	1,01809	87	1,03361
13	1,0005862	38	1,00699	63	1,01862	88	1,03430
14	1,0007146	39	1,00734	64	1,01913	89	1,03500
15	1,0008751	40	1,00783	65	1,01967	90	1,03566
16	1,0010215	41	1,00812	66	1,02025	91	1,03639
17	1,0012060	42	1,00853	67	1,02085	92	1,03710
18	1,00139	43	1,00894	68	1,02144	93	1,03782
19	1,00158	44	1,00938	69	1,02200	94	1,03852
20	1,00179	45	1,00985	70	1,02225	95	1,03925
21	1,00200	46	1,01020	71	1,02315	96	1,03999
22	1,00222	47	1,01067	72	1,02375	97	1,04077
23	1,00244	48	1,01109	73	1,02440	98	1,04152
24	1,00271	49	1,01157	74	1,02499	99	1,04228
25	1,00293	50	1,01205	75	1,02562	100	1,04315
26	1,00321	51	1,01248	76	1,02631		
27	1,00345	52	1,01297	77	1,02694		
28	1,00374	53	1,01345	78	1,02761		

CHAPITRE V

CRITIQUE DES DIVERS SYSTÈMES DE VAPORISAGE.
PERFECTIONNEMENTS A RÉALISER.

Nous nous sommes longuement étendu sur les divers appareils affectés au vaporisage. Quelles sont les remarques qu'ils nous suggèrent, quelle valeur industrielle devons-nous attribuer à chacun de ces systèmes ?

Les observations à faire sont nombreuses et nous obligeront à revenir sur quelques-unes des questions précédemment étudiées pour les examiner à un autre point de vue.

Voyons d'abord quel est le but du vaporisage :

C'est de fixer sur le tissu la ou les couleurs appliquées par le moyen de l'impression ; mais dans l'industrie ce problème se complique d'autres *desiderata* qui sont les suivants, savoir : de fixer le plus solidement, le plus économiquement et le plus rapidement possible.

Examinons quels sont les appareils qui rentrent dans ces conditions ou qui s'en rapprochent le plus; car aucun de ceux précités ne nous permet de dire que ces conditions soient exactement remplies. Si nous voulons fixer le plus de matière colorante possible, nous emploierons l'appareil Rosenstiehl qui, d'après les praticiens qui ont expérimenté ce système, *rend le maximum de ce que peut donner* une couleur vapeur. Des expériences nombreuses et concluantes ont été faites par M. Rosenstiehl et nous espérons bien les voir sous peu livrées à la publicité.

Outre ce rendement que l'on peut qualifier de maximum, il y a à considérer que l'on ne fixe pas (et qu'il paraît difficile, sinon impossible, de fixer) toute la matière colorante. Souvent le $1/3$ seulement est fixé et encore très-imparfaitement, car le tissu, par un premier lavage, abandonne une certaine quantité de matière colorante; un second lavage en enlève encore. Nous voyons donc ici encore un problème à résoudre, savoir : trouver un appareil par lequel toute la matière colorante puisse être fixée comme elle l'est dans un bain de teinture.

Cette question assez complexe paraît difficile à résoudre. En effet, si nous examinons la couche de couleur déposée sur le tissu, nous remarquons qu'elle peut être considérée comme formée par une série de couches superposées. Nous pouvons partager fictivement une de ces couches quelconques en plusieurs autres de moindre épaisseur. Appelons A la couche la plus voisine du tissu, et Z la plus éloignée. Il paraît logique d'admettre que la couche A sera fixée plus complétement sur le tissu que la couche suivante, ou enfin que la couche Z qui est la plus éloignée. Nous admettons donc que si la première couche A est absolument oxydée et fixée, c'est-à-dire transformée en laque adhérente au tissu, il est plus que probable que la dernière couche sera aussi oxydée, transformée, en un mot que la réaction du vaporisage aura eu lieu; mais la laque formée ne sera pas adhérente au tissu. Si donc nous mettons beaucoup de couleur sur le tissu, nous risquons, dans les conditions présentes, d'en fixer moins que si nous mettions une moindre quantité de couleur, mais plus intense; le fait est journalier dans la fabrication de l'indienne et constitue une des grandes difficultés de l'impression à plusieurs couleurs. Il ne suffit pas, en effet, de mettre sur le tissu une certaine quantité de couleur; il faut que cette couleur rende *le maximum*. Or, dans le vaporisage comme dans l'impression, il s'agit de *fixer à la surface*, *rendre apparent*, et non de faire pénétrer; la couleur puce ou grenat par teinture en garancine exprime parfaitement notre idée. On sait que cette couleur imprimée *trop gras* traverse, et avec la même quantité de bain colorant donne un rendement moindre que la même couleur convenablement épaissie et simplement déposée sur le tissu; dans le cas où la couleur employée est trop épaisse, le puce ou le grenat tombe et nous pensons que dans le vaporisage ce cas se présente encore assez fréquemment, mais ce n'est plus alors l'épaississant, c'est le mode de vaporisage ou de fixation qui agit et auquel il faut attribuer cet effet.

Nous disions que dans l'industrie il faut opérer rapidement, en tant que le permettent les opérations industrielles et les réactions chimiques. C'est ce que depuis longtemps on a cherché, et parmi les tentatives infructueuses, mais hardies, rappelons l'essai fait par un habile manufacturier de Moscou, M. Hubner. Il y a environ dix ans, il désirait vaporiser *rapidement de grandes quantités* de tissus; il fit donc construire un vaste local dans lequel devaient être suspendues les pièces et à côté de ce local un générateur de vapeur fut installé;

mais soit que le local fût trop grand ou que le générateur fût insuffisant, la chaudière, qui avant l'opération avait été amenée à une certaine pression, se trouva vidée si rapidement qu'il ne fut pas possible de la ramener à une pression convenable. Cet essai répété plusieurs fois dans ces mêmes conditions ne donna pas de résultats satisfaisants.

Depuis, d'autres essais plus heureux ont été faits, et dans les divers appareils que nous avons décrits, nous avons signalé les vaporisages de Thom, Mather et Cordillot, Bennett, Mather perfectionné, qui tous sont à la continue et permettent d'opérer rapidement ; mais il reste à savoir si la fixation des couleurs est bien effectuée.

Tous ces engins sont encore trop nouveaux et demandent à avoir la sanction de l'expérience pour être appréciés à leur juste valeur.

Comme appareil économique au point de vue du combustible, remarquons le système Richard qui consiste à enrouler les pièces autour d'un cylindre métallique de sorte que le rouleau portant une pièce et son doublier n'occupe en volume que le $\frac{1}{3}$ ou le $\frac{1}{4}$ d'une pièce enroulée sur bobine et mise en poche.

La vapeur agit parfaitement et fixe bien les couleurs.

Les avantages de ce système consistent : 1° dans une réduction de plus de 60 °/₀ de vapeur, et par conséquent de combustible ; 2° dans une production triple ou quadruple de ce que donnent les cuves ordinaires. Ces résultats sont obtenus au moyen de modifications très-simples.

Les inconvénients de ce système sont de ne pas laisser pénétrer la vapeur comme dans les poches tournantes ; il se pourrait qu'en appliquant à ce système l'appareil Rosenstiehl, on arrivât à lui faire rendre davantage; car, si certaines couleurs ne sont pas suffisamment fixées, cela ne peut venir que du manque d'oxydation par suite de l'enroulage du tissu, lequel resserre trop les fibres et empêche la vapeur de pénétrer; ajoutons encore que les couleurs acides, qui ont besoin de dégager les acides volatils, ne peuvent les abandonner que difficilement, à moins d'employer des doubliers spéciaux préparés en bains contenant des sels destinés à décomposer ou neutraliser ces acides; mais encore faut-il employer le doublier, ce que l'on cherche à éviter.

Les appareils à haute pression sont employés pour les gros tissus où la vapeur ne pénètre qu'avec peine; ils sont du reste d'un usage restreint. On admet que la plupart des couleurs, telles que les couleurs d'alizarine, à l'albumine, aux bois colorants, les couleurs laine et soie en général doivent être vaporisées à basse pression, et l'on réserve la haute pression pour les tissus difficiles à pénétrer et où il n'y a pas à craindre de dégagement de vapeurs acides comme dans les noirs campêche, les couleurs à base de chrome, avec les bois pour matières colorantes, etc.

Quelques praticiens admettent que pour bien réussir les bleus prussiate, il faut de la pression; mais cette opinion est discutable, et, en tous cas, il faudrait avoir des données précises sur la composition des couleurs, car les uns les font très-hygroscopiques, tandis que d'autres, suivant les climats, suppriment les substances qui attirent l'humidité.

Il arrive que le même vaporisage donne de bons et de mauvais résultats dans la même localité, quoique le coloriste n'ait en rien modifié les couleurs.

Parmi les appareils recommandables pour la laine et la soie, surtout au point de vue de la fixation des couleurs, indiquons les vaporisages au tonneau, à la guérite, au champagne, à la chambre; mais remarquons que chaque appareil a ses avantages et ses inconvénients.

Dans les uns, c'est l'enroulage qui donne des cassures, ou c'est la suspension qui force la vapeur à fixer plus de couleurs d'un côté que de l'autre; ou bien encore c'est le mode d'accrochage des pièces, ou c'est la quantité de marchandise fixée qui relativement est trop faible, etc. Dans d'autres, nous trouvons des gouttes d'eau provenant de la condensation, la nécessité d'employer des doubliers, ou bien le rapplicage des couleurs, etc., etc. Tous ces inconvénients et tous ces avantages ont du reste déjà été signalés, et sont bien connus des praticiens. Comme appareil destiné à éviter les rapplicages et à supprimer l'emploi du doublier, citons encore le vaporisage système Sifferlen, le vaporisage au champagne, le vaporisage à la chambre; le doublier, il est vrai, est supprimé; mais un autre inconvénient grave se produit dans quelques-uns de ces derniers : ce sont les gouttes d'eau provenant de la condensation, lesquelles occasionnent des taches et sont un obstacle sérieux pour la propagation et l'emploi de ces systèmes.

En résumé, nous avons vu que de la plupart des appareils employés, aucun ne remplit absolument les conditions imposées par l'industrie; les progrès de la mécanique amenant chaque jour de nouveaux perfectionnements dans l'outillage de nos usines provoquent, par cela même, de nouvelles recherches de la part des chimistes; mais on ne peut espérer voir leurs efforts constamment couronnés par le succès. Nous avons vu que l'on vaporise de la laine, de la soie, du coton, etc., et d'autres fibres récemment introduites dans l'industrie, telles que le jute, l'agave, etc. Est-il admissible qu'un seul procédé réunisse toutes les conditions voulues et puisse être applicable également à ces divers textiles ? Nous ne le croyons pas. Que faut-il donc chercher ?

A cette question, nous répondrons (et cela nous servira de conclusion) qu'il faut :

Utiliser le plus possible chaque matière colorante, de façon à ce qu'elle soit, si ce n'est fixée totalement, fixée au maximum sur la fibre textile que l'on traite ;

Réduire à un minimum la quantité de combustible affecté à cette opération du vaporisage. Nous avons signalé à cette occasion l'appareil Rosenstiehl. Nous savons que cet habile chimiste est arrivé à vaporiser 1 kil. de coton avec 110 gr. de charbon, tandis qu'en général il faut 3, 4 et 500 gr., et que, même dans bien des cas, on en consomme encore davantage. Nous ignorons ce que l'on consomme pour les autres fibres ; mais il se pourrait qu'on en employât encore beaucoup plus pour la laine, la soie, etc., qui sont moins conducteurs de la chaleur que le coton.

Enfin, il faudrait arriver à établir des appareils donnant simultanément les degrés hygrométriques pendant le vaporisage et dans les diverses parties de la cuve, les degrés de chaleur et de pression, et pouvoir régler à volonté ces diverses influences.

Alors seulement le vaporisage se trouvera dans de bonnes conditions pratiques, permettant de vaincre certaines difficultés insurmontables jusqu'à ce jour, et l'industrie, reculant de ce côté ses limites, verra s'ouvrir plus largement devant elle le vaste et fertile champ du progrès.

ADDENDA

Page 7.....

D'après M. Persoz, le vaporisage a été appliqué en France pour la première fois en 1810 dans la maison Dolfus-Mieg. M. Dolfus-Ausset prétend que ce mode de fixation des couleurs ne fut appliqué qu'en 1814.

Dans les notes laissées par M. Hartmann-Liebach sur l'histoire industrielle du Haut-Rhin depuis les premières années du xixe siécle (1), nous trouvons que le vaporisage était déjà appliqué en Alsace avant 1813.

M. Hartmann-Liebach ajoute encore que ce procédé resta ignoré en Alsace jusqu'en 1825.

Dans la note nécrologique sur M. Hartmann (2) décédé en 1877 nous remarquons, à propos du vaporisage le fait suivant qui nous avait été communiqué par M. Hartmann, mais qui nous avait échappé :

« Le fixage des couleurs par la vapeur, sur tissus légers *en laine*, très-peu connu à cette époque, préoccupa vivement M. Hartmann. Il fit avec M. Alexandre Barbé, de Thann, de nombreux essais dans ce sens, et en 1825 il imprima et vaporisa les premières mousselines-laine que lui fabriquaient MM. Frédéric et Edouard Bernoville de Saint-Quentin. »

Page 8.....

M. E. Schwartz avait, dès 1834, introduit à Mulhouse l'impression sur laine des couleurs vapeur pour meubles. En 1839, tous les fabricants de l'Alsace, pleins de confiance dans l'avenir de cette nouvelle industrie, y appliquèrent leurs capitaux et leur expérience. Ils se sont, en quelques années, approprié cette fabrication, au point de faire perdre aux établissements des environs de Paris une partie de leur ancienne importance.

(1) *Bulletin de la Société Industrielle de Mulhouse*, année 1877 page 225.

(2) Notice nécrologique sur M. Hartmann-Liebach, In *Bulletin de Mulhouse*, an 1877, page 215.

Ces impressions vapeur sur laine ayant eu un très-grand succès, on chercha naturellement à les reproduire sur des tissus moins chers.

Les Anglais tissèrent à cet effet des mousselines-laine, chaîne-coton, qu'ils imprimèrent avec beaucoup de succès. A présent encore (1852) leur supériorité sur nous dans ce genre, est incontestable. Une seule maison des environs de Manchester a imprimé, par semaine, de 6 à 7,000 pièces de mousseline, chaîne-coton. En 1840, la maison Blech-Steinbach, métamorphosa la fabrication des genres vapeur sur calicot ; car leurs nouveaux produits sortaient complétement de la catégorie de ceux qu'on avait obtenus jusque-là.

Ils avaient substitué à ces couleurs vapeur maigres, pâles et altérables à l'influence des agents les moins énergiques, des nuances vives et nourries qui, jusqu'à un certain point, avaient le brillant de celles que l'on fixe sur la laine.

Ainsi, si nous ne pouvons disputer à nos voisins l'idée d'avoir les premiers fixé les couleurs par la vapeur, c'est au moins à nos fabricants que revient le mérite de la création des genres vapeur, tels qu'ils s'exécutent actuellement sur laine, mi-laine, soie et coton, dans toutes les parties du monde.

(Extrait du rapport sur la teinture et l'impression à l'exposition universelle de Londres 1851).

Page 29.....

L'influence de la vapeur d'eau avait été comprise par Broquette qui avait eû l'heureuse idée de la régulariser (dans la fabrication des laines) par l'intervention d'un *doublier très-humide*.

On peut considérer cette application comme un véritable perfectionnement sans lequel la réussite n'eut pas été possible.

M. Dolfus-Ausset nous raconte dans sa colloration des étoffes, comment la maison Dolfus-Mieg devint acquéreur de ces procédés :

« M. Broquette, dit-il, exploitait lui-même son brevet dans son établissement d'impression sur étoffes de laine dans les environs de Paris. Ses produits se distinguaient par la pureté, l'éclat et la vivacité des couleurs, et surpassaient tout ce qui s'était produit jusqu'alors. Un jour cet habile coloriste se présenta à l'établissement de Dolfus-Mieg et Cᵉ, à M. Dornach, et, suivant conventions, des essais d'impression de laques furent entrepris.

« Les dessins imprimés à la planche en objets détachés ne laissaient rien à désirer, mais les fonds unis étaient inégaux, on voyait les rapports de planches, inconvénient auquel on n'a jamais pu remédier, même inconvénient pour des bandes un peu larges. — Voyant qu'on allait renoncer à un arrangement avec l'inventeur, je me suis posé les deux questions suivantes : 1° La matière colorante des laques a-t-elle une affinité plus grande pour les matières textiles animales (laine, soie) que pour la base des laques (alumine, étain, etc.) ?

« 2° Les rapports d'inégalités d'impression disparaissent-ils à l'impresion au rouleau. »

« Pour résoudre ces deux questions, j'ai commencé par laver à grandes eaux froides, puis avec de l'eau à l'ébullition, les divers précipités, afin de ne laisser aucune trace de matières solubles. A de l'eau à l'ébullition on a ajouté de la laque lavée (neutre), on a introduit de l'étoffe de laine pure non mordancée et n'ayant subi d'autres préparations que le blanchiment, et la matière colorante s'est combinée parfaitement avec l'étoffe. »

Un échantillon a été imprimé au rouleau : réussite parfaite. Une portion de couleur fut aussitôt préparée pour imprimer une pièce entière. — Le contremaître imprimeur dit : « Vos laques boucheront la gravure, jamais vous ne réussirez. » Je lui réponds : « L'inconnu, s'il réussit, est un progrès,... imprimons! » — Après le vaporisage, l'impression était splendide, superbe sous tous les rapports. Par un air ambiant de 15° (en plein hiver) on construisit un atelier pour les décoctions de matières tinctoriales et la fabrication des laques, et quinze jours plus tard, 50 à 60 pièces d'impressions au rouleau sur étoffes de laine en couleurs de laques, partent pour Paris, et sont suivies de pareils envois journaliers pendant la saison de vente.

(Dolfus-Ausset. vol. II, page 337).

Page 84.....

Nous allons encore signaler quelques appareils à vaporiser qui ne sont plus employés et qui, par conséquent, ne présentent plus d'intérêt : ce sera tout simplement à titre de renseignements retrospectifs que nous les décrirons.

CAISSE A VAPORISER, 1839.

Cet appareil a été employé pour le vaporisage des mousselines de laine, il pouvait contenir 15 robes, entre les deux barres a' b' et c' d', soit 45 robes en tout (fig. 1). Il a donné de bons résultats, le seul défaut qu'on ait eu à lui reprocher était son peu de durée.

Il consiste en une caisse de bois de sapin de $0^m,05$ d'épaisseur $ABDDE$ FGE'.

de longeur. 2,40

largeur 1,20

hauteur. 1,20

Sur le côté GF est adaptée, au moyen de fortes vis en fer, une pièce de bois de la longueur du côté GF, large de $0^m,80$ et supportée sur les parties KF, et MG des côtés DF et AG auxquels elle est pareillement attachée par des vis. Cette pièce de bois $KEMG$ a $0^m,03$ d'épaisseur, comme le couvercle qui y est fixé.

Le couvercle $HII'L$ est en bois de sapin, de 0^m03 d'épaisseur, avec trois traverses en chêne, destinées à l'empêcher de se déjeter sous l'action de la vapeur. Il est attaché à la pièce de bois $KEMG$ au moyen de trois pentures en fer adaptées aux trois traverses en chêne; les pentures permettent de lever ou de baisser le couvercle à volonté.

A $0^n,16$ du fond de la caisse se trouve un gril en lattes eb, ed, gh posé sur des supports en bois ik, lm, no, pq, que l'on recouvre d'une toile d'emballage ou de vieux draps de table pour empêcher la vapeur, amenée par ST et distribué dans la caisse par le tuyaux UV qui est percé de trous dans toute sa longueur, de lancer de l'eau condensée (qui pourrait se trouver dans les tuyaux de conduite), sur les pièces et par conséquent de les tacher.

A $0^m,08$ en contrebas des bords supérieurs de la caisse et sur les côtés AD et FG est attachée chaque fois une pièce de bois $rstu$, formant saillie.

Sur ces supports rs et tu, viennent se poser des barres en bois, de $1^m,19$ de longueur et de $0^m,05$ de largeur, $ox, yz, a'b', c'd', e'f', g'h'$, c'est sur ces barres que l'on place finalement les pièces à vaporiser. Celles-ci après avoir été enroulées sans doublier sur le trinquet habituel, sont attachées comme le présente la fig. 2 à une tringle en bois, au moyen d'une ficelle en coton, passée aux deux bouts dans les plis de la pièce (largeur du pli intérieur $0^m,57$).

Il faut avoir soin d'envelopper toutes les barres et toutes les tringles de lisières de drap afin de les empêcher de dégoutter sur les pièces.

Les pièces sont suspendues de la manière dont l'indique XY, ZA'.

Lorsque toute la caisse est remplie de pièces, on recouvre le tout de toile d'emballage, ou mieux de draps pour éviter le mouillage. On abaisse le couvercle et on vaporise.

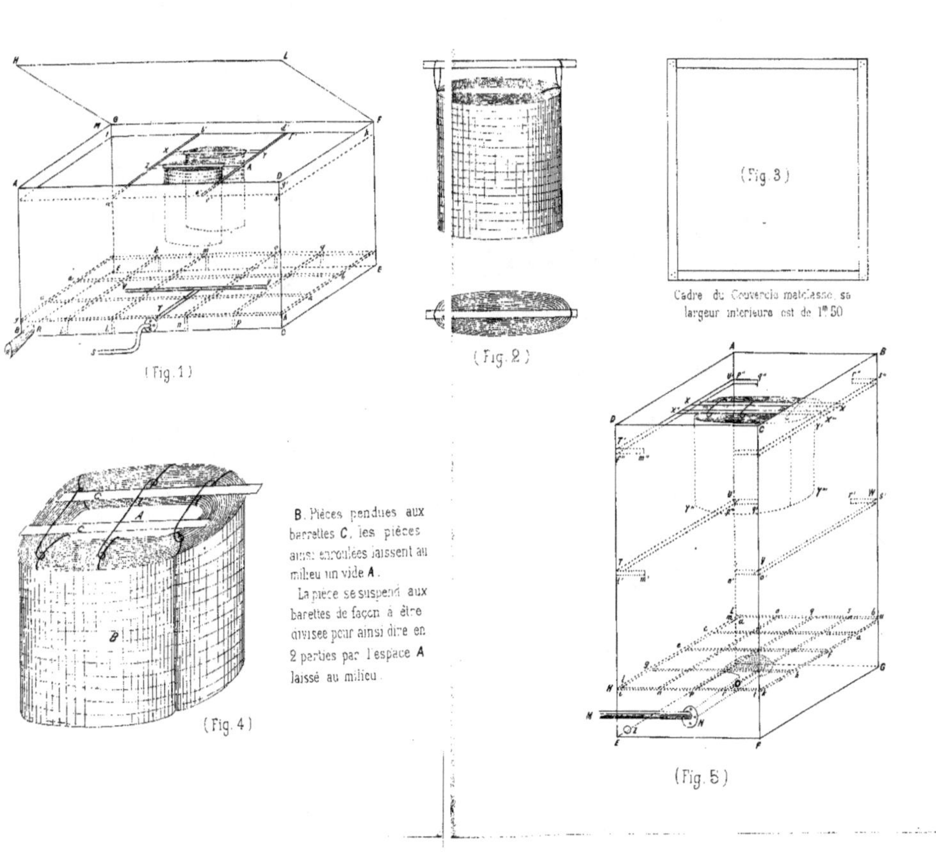

B. Pièces pendues aux barrettes C, les pièces ainsi enroulées laissent au milieu un vide A.

La pièce se suspend aux barettes de façon à être divisée pour ainsi dire en 2 parties par l'espace A laissé au milieu.

CUVE A VAPORISER EMPLOYÉE DE 1840 A 1845.

Cette cuve a servi de transition entre la cuve précédente et la cuve à bobines dans le genre de celles que l'on emploie encore aujourd'hui. C'est vers 1846 que la cuve à bobines a remplacé celle que nous allons décrire. Ajoutons encore à propos de la cuve à bobines que dans le commencement on suspendait les pièces à des arbres en bois que l'on tournait à la main, l'un après l'autre.

La cuve que représente la figure 3 en $ABCDEFG$ a 3 mètres de hauteur, elle a quatre côtés de $1^m,32$ de largeur, et est en bois de sapin de $0^m,05$ d'épaisseur.

A $0^m,35$ du fond est fixé un gril $HIKL$ en lattes $ab, cd, ef, gh, ik, lm, no, pq, rs, tu$, couvert de vieux draps de table ou de toile d'emballage, afin d'empêcher l'eau amenée par la vapeur d'être lancée sur les pièces.

Le tuyau de vapeur MNO est terminé dans le centre du fond de la cuve par une pomme d'arrosoir percée de trous.

A $0^m,20$ au-dessus du gril $HIKL$ sont adaptés sur les côtés de la cuve en face les uns des autres des supports en bois $l'm', n'o', p'q', r's'$, sur lesquels viennent se placer les deux barres TU, VW. qui ont pour longueur d'' intérieur de la cuve. C'est sur ces barres qu'on dépose les pièces enroulées sur un trinquet ordinaire et attachées au moyen de ficelles en coton passées dans les lisières, chacune a deux barrettes enveloppées de lisières de draps comme le représente la fig 4. Ces barrettes ont $0^m,05$ de largeur sur 0^m03 d'épaisseur.

CHAUDIÈRE A VAPORISER.

Cet appareil ressemble beaucoup à la cuve à vaporiser décrite à la page 79. Il se compose d'une chaudière en *cuivre rouge* capable de pouvoir supporter une pression de 4 atmosphères. Cette chaudière est placée debout dans un massif de maçonnerie; elle a 2 mètres de haut et $1^m,50$ de diamètre; à la partie supérieure se trouve une soupape de sûreté, à la partie inférieure, un robinet d'écoulement de l'eau condensée. Sur le devant de la chaudière, est un trou d'homme de $0^m,75$, fermé par un couvercle en cuivre que l'on peut fixer par huit boulons en fer. Entre le couvercle et le cadre en fer du trou d'homme est placé un bourrelet, qui permet de fermer hermétiquement la chaudière.

La vapeur est amenée par un tuyau, terminé par une pomme d'arrosoir placée dans le centre du fond inférieur de la chaudière, sous un gril recouvert de toile d'emballage ou de drap de laine.

Le haut de la chaudière est garni de crochets comme ceux indiqués dans la figure 33, page 84.

La manipulation est la même que celle pour l'appareil dit cuve à la marmotte, page 79.

Cet appareil, d'après **M. Zetter**, auquel nous devons les renseignements qui précèdent, est originaire des environs de Paris. Il avait été employé en 1837, pour la fabrication des mousselines de laine, chaine coton. Il est, du reste, très-coûteux de premier établissement, peu expéditif et dispendieux sous tous les rapports.

En contrebas du bord supérieur de la cuve à 0,20 sont attachés d'autres supports en bois l'' m'', n'' o'', p'' q'', r'' s'', sur lesquels viennent se placer encore les deux barres T' U', V' W', semblables aux inférieures T U, V W et servant comme ces dernières à recevoir les pièces à vaporiser comme le montrent $X X'$, $X'' X'''$ représentant les barrettes auxquelles est suspendue la pièce enroulée sans doublier $Y Y$, $Y'' Y'''$.

On met de cette manière sur chaque rang 7 pièces de 80 à 90 mètres.

On descend et l'on retire les pièces du rang inférieur avec un crochet G qu'on passe sous les barrettes.

La cuve une fois remplie de pièces, on recouvre la rangée supérieure avec une couverture en laine, puis on pose sur la cuve le couvercle qui consiste en un cadre en bois, fig. 3, $A B C D$, composé de quatre barres de $0^m,06$ carrés. Il a $1^m,50$ de côté intérieurement, afin de lui permettre de s'abaisser des quatre côtés sur les parois de la cuve. Ce cadre en bois est recouvert de toile d'emballage en-dessus et en-dessous, et le vide laissé entre les deux plis de toiles d'emballage est rempli avec de la tontisse de laine ou de coton. Le tout est ensuite capitonné avec de la ficelle pour empêcher la tontisse de se mouvoir dans le couvercle. On vaporise les rentrures 35' et le fonds deux fois 45', en ayant soin de retourner ces derniers. A cet effet, l'ouvrier pose la main au milieu de la pièce placée sur le rang supérieur et *vice versa*.

Au niveau du fond de la cuve, en Z est une ouverture, fermée par un bouchon en bois, et servant à donner issue à l'eau condensée.

ERRATA.

———

Pages	lignes	lisez	au lieu de
14	29	Tome IV	Tome V
29	21	Sandwicense	Saudwiceuse
30	23	Ganivet	Ganinet.

TABLE DES MATIÈRES

Rouen. — Léon DESHAYS, imprimeur de plusieurs Sociétés savantes.

Elévation.

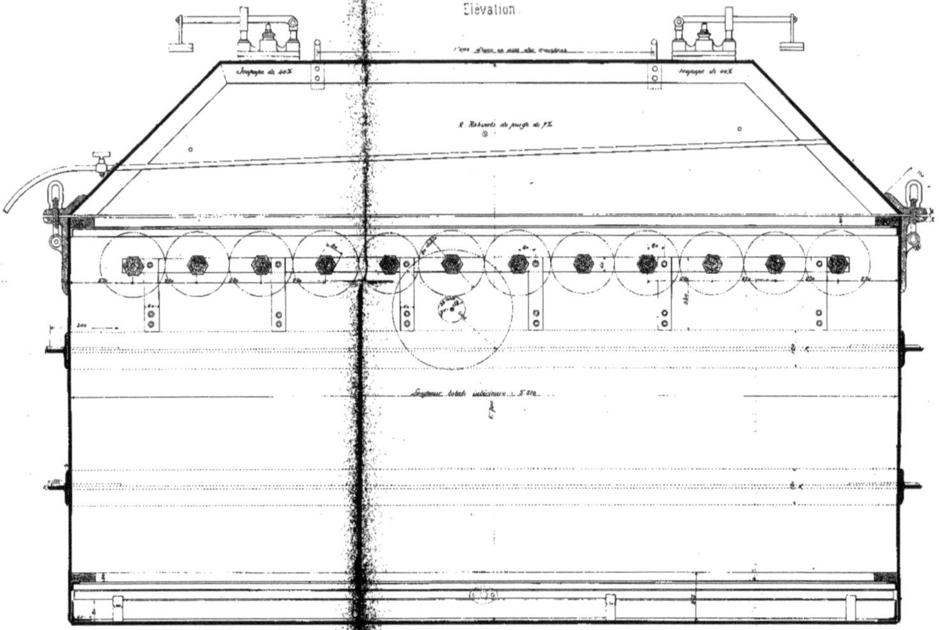

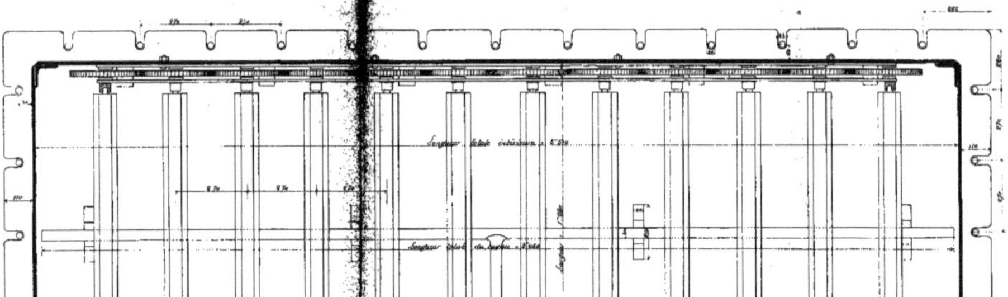

Plan.

CUVE A COUVERCLE.

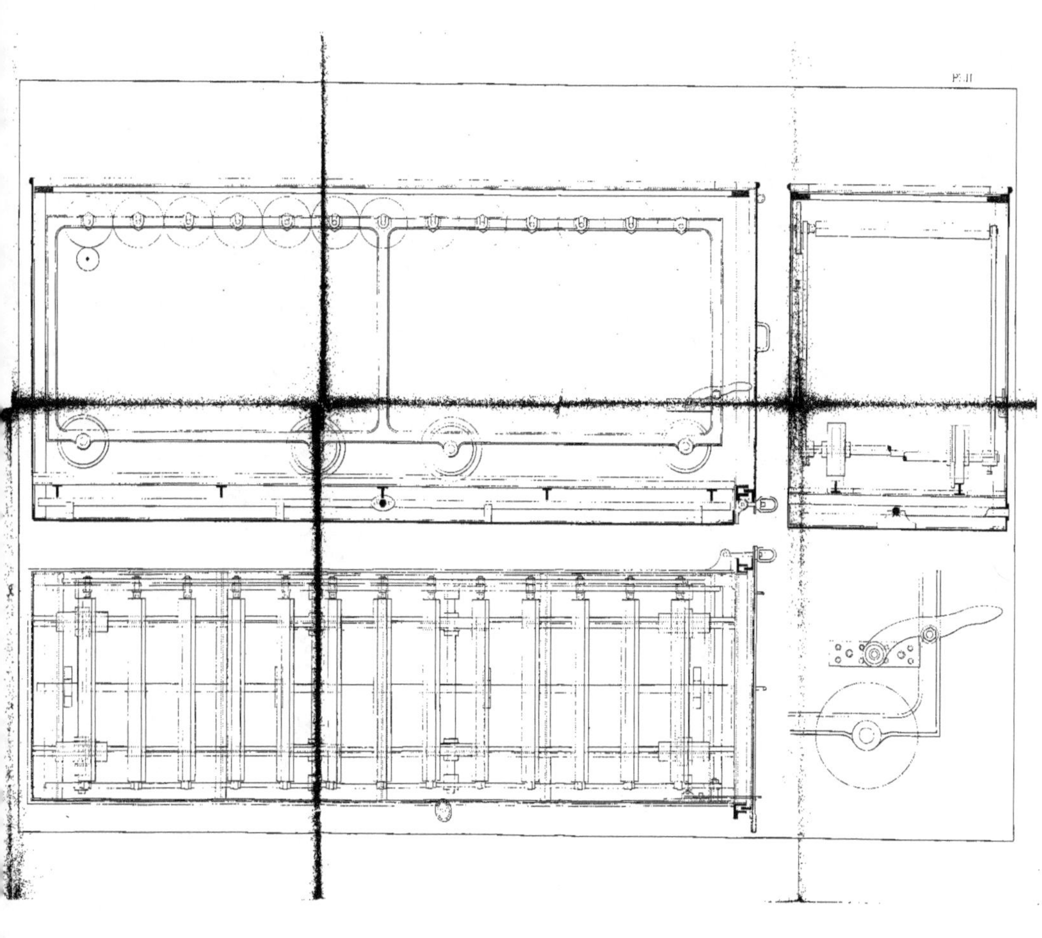

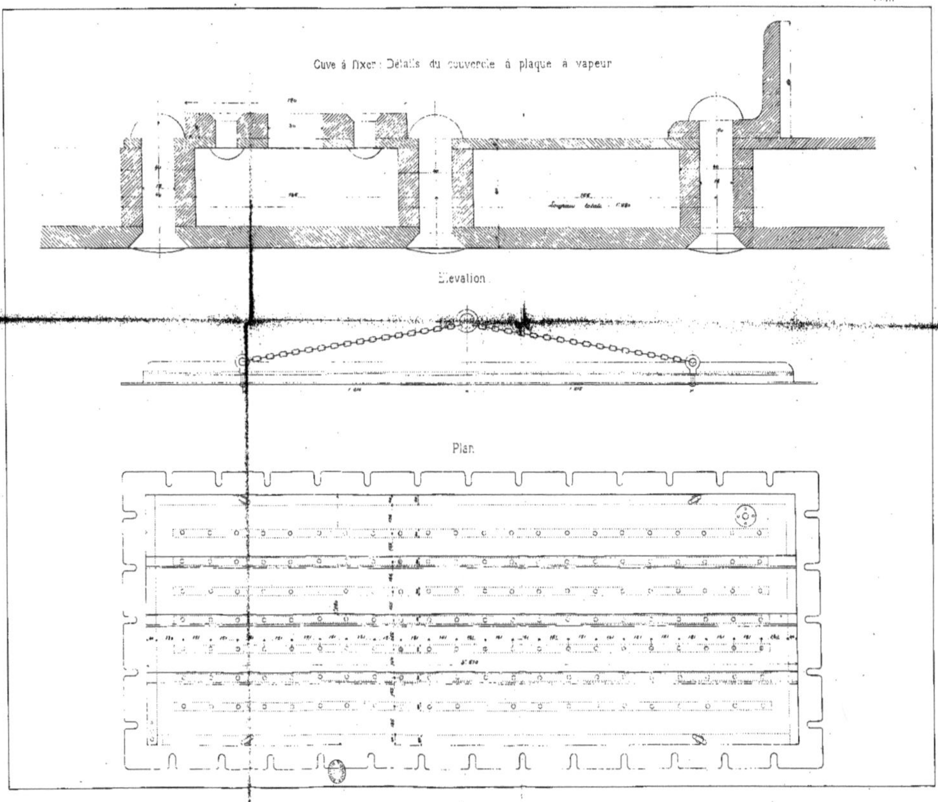

Cuve à fixer : Détails du couvercle à plaque à vapeur

Élevation.

Plan.

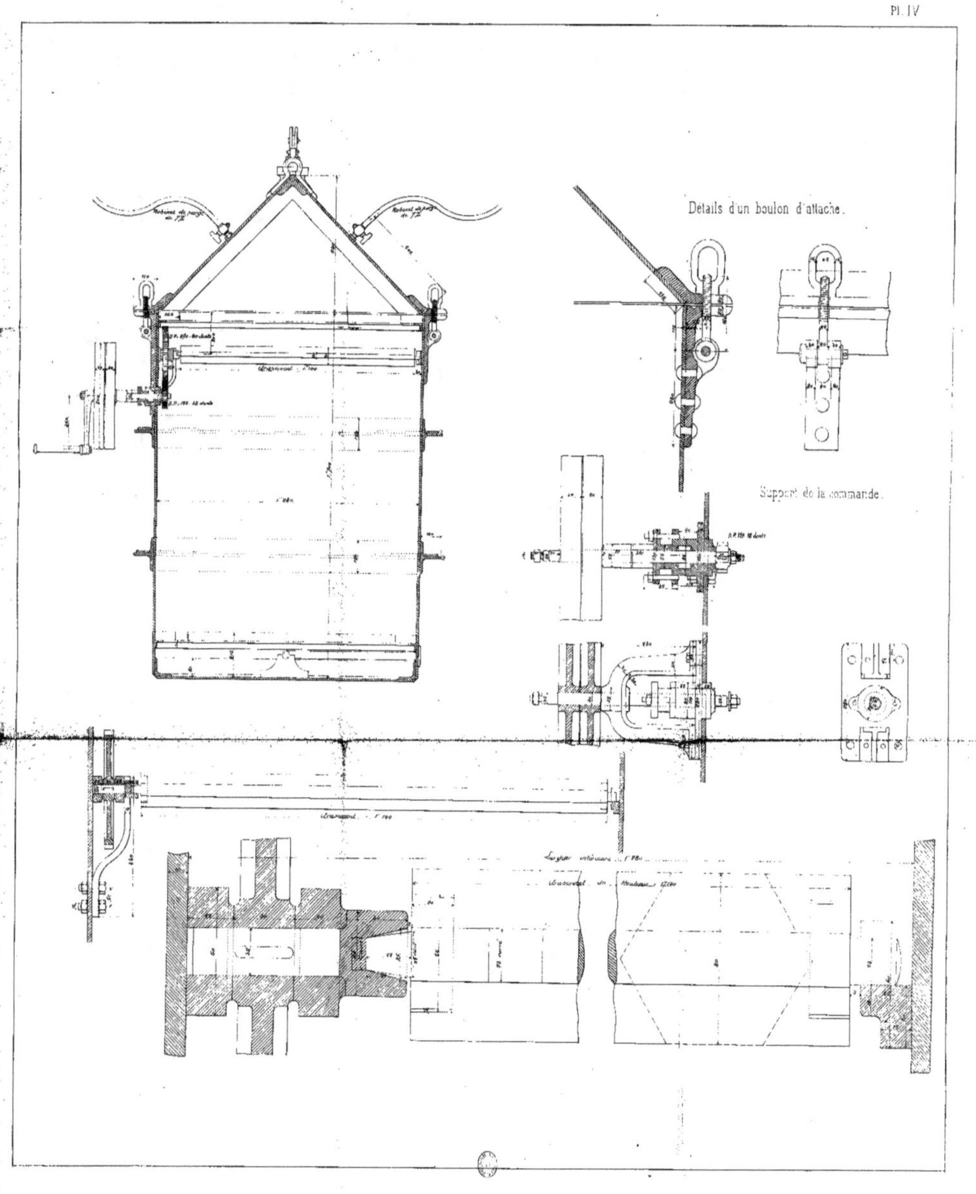
Détails d'un boulon d'attache.
Support de la commande.

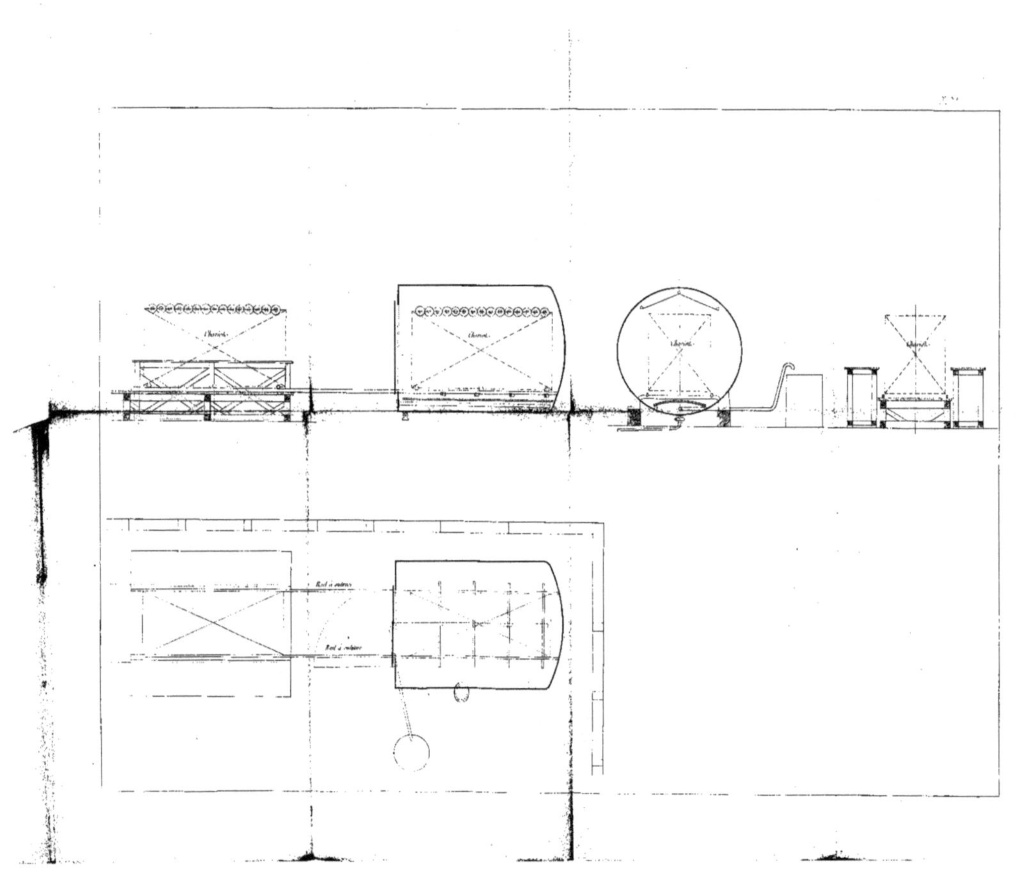

Chariot.
Chariot.
Chariot.
Chariot.
Rail à entrer
Rail à sortir

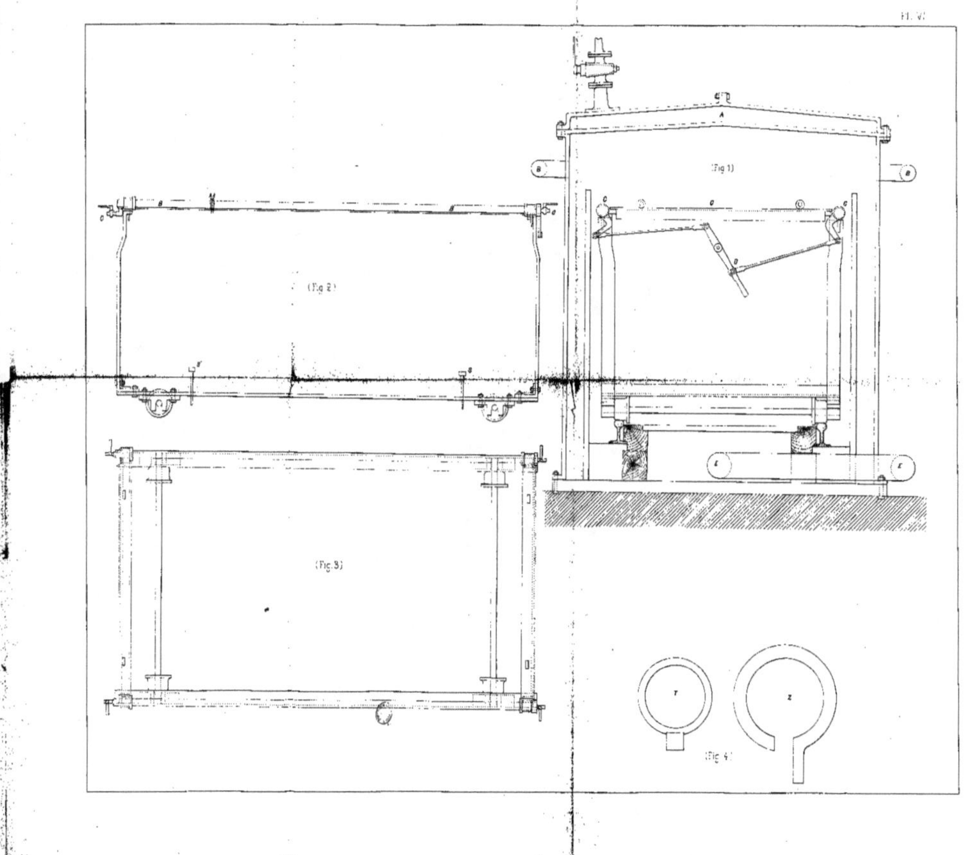
Pl. VI
(Fig 1)
(Fig 2)
(Fig 3)
(Fig 4)

Pl. VII

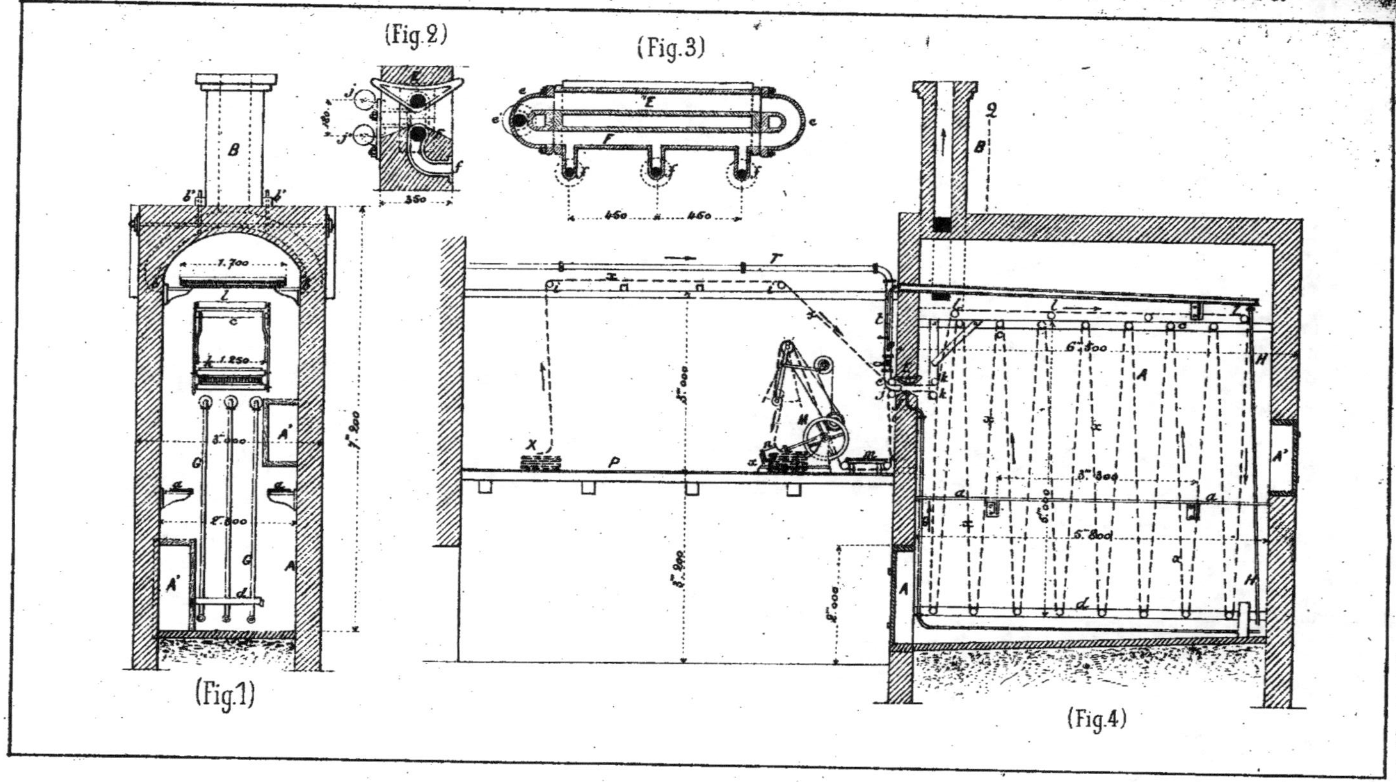

(Fig.1)

(Fig.2)

(Fig.3)

(Fig.4)

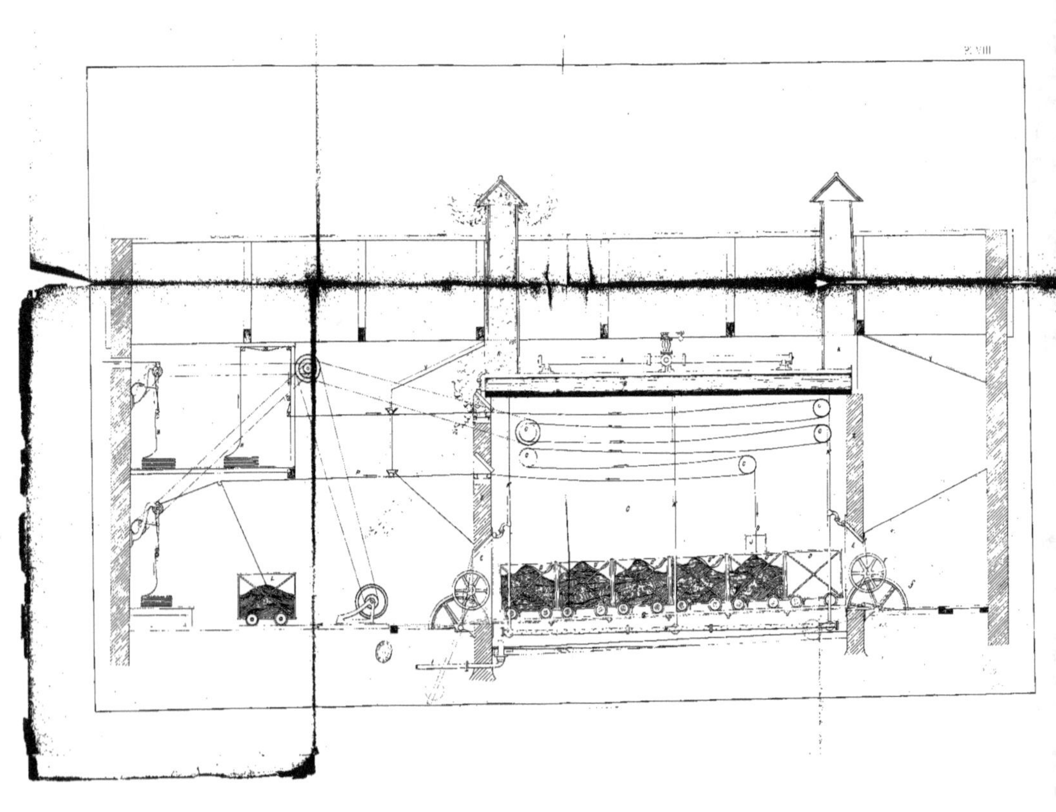

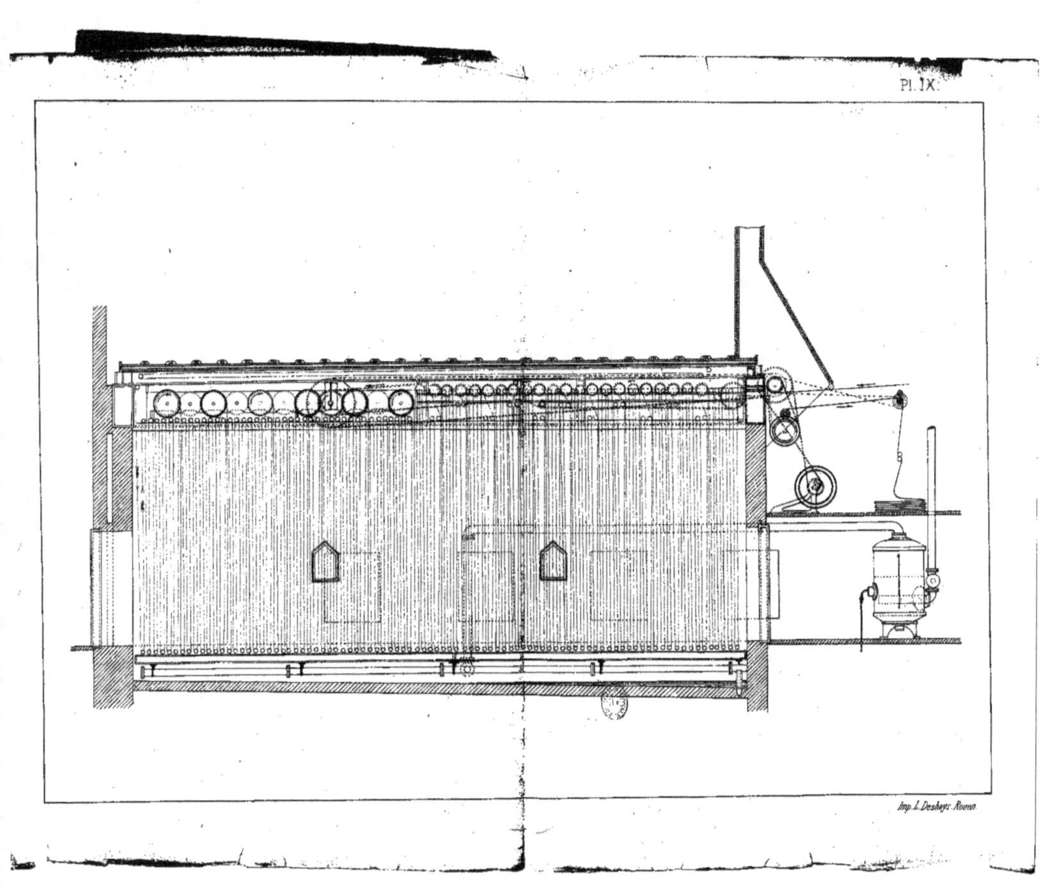

Pl. IX.
Imp. L. Desheys, Rouen